Jay Stattman

Kreative Trance

Jay Stattman

Kreative Trance

Die Ver-Körperung psychischer Energien durch das Medium der Kreativen Trance

Eine Einführung in die Unitive Psychologie

TRANS FORM

Die Originalausgabe erschien unter dem Titel:
"Creative Trance"im Verlag der *International Academy for Bodytherapy,* Holland. ©1989 by Ellen de Regt-Stattman, Amsterdam.
Aus dem Englischen von Marianne Krampe.

Die Deutsche Bibliothek - CIP-Einheitsaufnahme

Stattman, Jay:
Kreative Trance : die Ver-Körperung psychischer Energien durch das Medium der kreativen Trance ; eine Einführung in die unitive Psychologie / Jay Stattman. [Aus dem Engl. von Marianne Krampe]. - 1. Aufl. - Oldenburg : Transform, 1991
Einheitssacht.: Creative trance <dt.>
ISBN 3-926692-25-1

1. Auflage 1991

Postfach 4709, 2900 Oldenburg

Druck: Littmann, Oldenburg
Lektorat: Ingrid Meins
Umschlaggestaltung: Werner Lange unter Verwendung eines Gemälde von ©Alice Buis, Osterwolde, Holland.

ISBN 3-926692-25-1

Inhaltsverzeichnis

Vorwort

Dies ist die erste Ausgabe von "Die Kreative Trance", geschrieben von dem am 10. September 1988 verstorbenen Jacob Stattman. Leider konnte der Autor das Buch nicht mehr selbst abschließend durchsehen, wir möchten es aber dennoch den versammelten Therapeuten anläßlich des 2. Kongresses der Körperpsychotherapie in Seefeld im September 1989 vorlegen.

Grundthema dieses Buches ist die welchselseitige Beziehung zwischen Vorstellungsbild und Körpererfahrung. Der Autor beschreibt hier nicht nur den theoretischen Hintergrund, sondern stellt auch die Konzepte und Techniken vor, die seiner therapeutischen Arbeit zugrunde liegen. Er läßt uns auf einer existentiellen Ebene miterleben, wie der Klient sich des ständigen Konflikts zwischen "der Liebeserfahrung der Einheit oder des Einsseins mit allem Sein" und des "Überlebenskampfes mit einer unvollkommenen Welt" bewußt werden und lernen kann, diesen Konflikt zu verarbeiten. Der Klient wird so an den kritischen Punkt der polaren Gegensätze von Liebe und Zerstörung geführt. Er lernt allmählich, den natürlichen Fluß integrierender und desintegrierender Kräfte zu akzeptieren und zu begreifen, daß die starren Vorstellungen und die Unbeweglichkeit, die ihm eine vermeintliche psychische Sicherheit vermitteln, in Wirklichkeit seine Möglichkeiten der Entfaltung und Weiterentwicklung einschränken. Der Klient wird als verantwortungsbewußtes Individuum betrachtet, das in der Lage ist, in sich die Kraft zu entfalten, seine eigenen Wahlmöglichkeiten zu erschaffen. Diese Wahlmöglichkeiten machen das Leben zwar vielleicht nicht einfacher, aber sie können die Welt der betreffenden Person mit Sicherheit um neue Wachstumsperspektiven bereichern.

Jays Arbeit und Leben waren diesem Ideal der immerwährenden Entwicklung und inneren Bewegung gewidmet. Mutig und kreativ integrierte er polare Gegensätze wie Konfrontation und Liebe, Ernst und Humor. Hinter seiner nüchternen, realistischen Art spürt man die spirituelle Vision der Einfachheit und Liebe, von der dieser einzigartige Mensch und Therapeut durchdrungen war.

Danke, Jay.

Hans Krens
Direktor der Internationalen "Academy for Bodytherapie"
NL-6504 AW Molenhoek/Niederlande, Stationsstraat 48
Herausgeber der englischen Ausgabe

Einleitung

Die beiden grundlegendsten Abweichungen von dem gemeinsamen Ausgangspunkt Psychoanalyse haben sich in entgegengesetzte Richtungen entwickelt, so könnte man sagen: Reichs Arbeit mit den energetischen Prozessen hat zu einem tiefen Verständnis der vegetativen Rhythmen geführt und die Grundlage für die vielen verschiedenen Schulen somatischer Psychotherapie gelegt, die es heute gibt. Jay Stattmans Traum, eine Europäische Vereinigung zu begründen, umfaßte auch die Koordinierung dieser verschiedenen Schulen.

Die zweite Richtung war Jungs Abweichung von Freud sowie seine Reise in die archetypisch-mytischen Landschaften des kollektiven Unbewußten. Arthur Janov war der Ansicht, daß man sich in dem, was er das "symbolische Labyrinth" des inneren Bild-Erlebens nannte, leicht verirren könne, wenn man gleichzeitig eine starke Verbindung zum emotionalen Leben des Körpers aufrechterhalte.

Meiner Erfahrung nach meiden, vernachlässigen oder mißtrauen die meisten reichianisch orientierten Therapeuten dem inneren Bild-Erleben, während die meisten Jungianer keine Verbindung zu den vegetativen Prozessen und der Ausdruckssprache des Körpers haben.

Jay Stattman steht mit je einem Bein fest in beiden Traditionen: Sein Gebrauch dessen, was er Kreative Trance nennt - ein wacher, verkörperter Prozeß der Kontaktaufnahme mit inneren Bildern - überbrückt die potentielle Kluft zwischen der "realen Welt" und der "Bilderwelt"! Die Arbeit des somatischen Psychotherapeuten wird durch die von Jay gebotene Möglichkeit, die gestaltenden, morphologischen Eigenschaften des Bildes in seine Arbeit miteinzubeziehen, stark bereichert. "Soma" kann sich begrifflich sowohl auf den physischen Körper als auch auf den "Traumkörper" beziehen: die moderne Physik, die die Beziehung zwischen verdichteten und feinstofflichen Energien erforscht, hat das Konzept entwickelt, dem Jay sich sehr verbunden gefühlt hätte, da es das Herz seiner Arbeit, der "Soma-Signifikanz", war.

Für den Therapeuten Jung'scher Tradition ist Jays Arbeit weder eine Abhandlung über Trauminterpretation noch ein Handbuch über gelenktes Bild-Erleben: Es ist vielmehr eine Einladung an den Therapeuten, jedem einzelnen Menschen zu helfen, seine inneren Bilder in somatischen Erfahrungen zu verankern und zu einem erfahrenen Navigator in der Tiefsee der vegetativen Realität zu werden. Den Weg, der aus dem symbolischen Labyrinth herausführt, findet man mit Hilfe des Fadens, den der Forscher auf seinem Weg hinein auslegen muß. Ein integrierendes Schlüsselthema in Reichs Arbeit ist der rote Faden der Erregung. Jacob Stattmans phänomenologische Art der Kommunikation mit dem ver-körperten Bild als einem Schlüssel zum Körper, und sein existentieller Ansatz, demzufolge der Körper ein Schlüssel zur symbolischen Landschaft ist, zeigen, daß diese beiden Fäden in Wirklichkeit nur einer sind: das verbindende Thema der unitiven Psychologie.

Jay Stattmans Buch wird zu einem zentralen Nachschlagewerk für alle Körperpsychotherapeuten werden, die ihre Arbeit durch die Inkarnation psychischer Energie und die Ver-Körperung symbolischen Erlebens erweitern und vertiefen möchten.

David Boadella
Zentrum für Biosynthese, Hardeggstr. 23 b, CH-8049 Zürich

Zürich, Sept. 1989

Kapitel 1

Einführung in den Text

Einleitung

Bei der Kreativen Trance handelt es sich um einen Prozeß, der im Wachbewußtsein innere Bilder hervorrufen und mit ihnen arbeiten will. Inneres Bilderleben findet statt in Tagträumen, in Nachtträumen, in der Phantasie und in veränderten Bewußtseinszuständen. Bei diesem Text geht es mir darum, über die Arbeit der Kontaktaufnahme mit diesen Bildern zu sprechen, um so Verhaltensänderungen und persönliches Wachstum zu erleichtern. In diesem Buch mache ich zum ersten Mal den Versuch, meine Arbeit in einem Konzept zusammenzufassen. So gesehen handelt es sich im wesentlichen um Forschungsbemühungen, in denen sich Hypothese und Erfahrung miteinander verbinden. Ich habe weder versucht, eine Theorie der Persönlichkeit zu erstellen noch eine wissenschaftliche Erklärung für die durch meine Kombination verschiedener Methoden hervorgerufenen Phänomene zu finden.

Ich habe nicht die Absicht, eine vergleichende Untersuchung über andere mit dem inneren Bilderleben und der Traumarbeit verknüpfte Forschungsbereiche und Prozesse aufzustellen. Über die Einflüsse, die in diesem Zusammenhang hilfreich sind, gibt es bereits detaillierte Abhandlungen, insbesondere über die somatische Therapie, die die Einbeziehung des Körpers zu einem wesentlichen Bestandteil von Therapie- und Veränderungsprozessen macht. Der Hintergrund, der für meine gedankliche Entwicklung und meine praktische Arbeit sehr hilfreich war, sind die Vorstellungen des Existentialismus, der phänomenologischen Methode und der Selbstverwirklichungsprozesse des Ostens, die mich stark beeinflußt haben.

Meine Absicht ist, therapeutische und methodische Konzepte zur Verdeutlichung meiner Arbeit zu formulieren. Darüber hinaus möchte ich den Versuch unternehmen, die Dynamik der Bilderfunktionen zu konzeptualisieren, wie ich sie beobachtet und erlebt habe. Ich habe nicht die Absicht, spezielle Techniken auszuarbeiten (d.h. ein Handbuch mit Übungsanweisungen zu schreiben). Die meiner Technik zugrundeliegenden "Instrumentarien" sollen ausführlich dargestellt werden. Was Techniken selbst betrifft, sollen dagegen nur allgemeine Prinzipien angeführt werden.

Diese Abhandlung wird einige der nachfolgend umrissenen Grundfragen ansprechen:

Warum sollte man sich mit dem Phänomen der inneren Bilder befassen, und welche Bedeutung haben diese Bilder für das Selbst? (Kapitel 1, 2, 3, 5, 8)

Welche Funktion hat dieser Aspekt des Selbst? (Kapitel 4 und 5)

Warum und wie unterscheidet sich diese Funktion von einem Individuum zum anderen? (Kapitel 5 und 6)

Wie kann man sich am besten auf diese inneren Bilder beziehen? (Kapitel 3, 5 und 7)

Welchen therapeutischen Wert hat die Auseinandersetzung mit dem inneren Bilderleben, und wie läßt es sich am besten einsetzen? Kapitel 3, 4 und 8)

Welche Entwicklungswerte sind implizit in den Bildern enthalten? (Kapitel 2, 3)

Was ist objektiv über den Prozeß des Bilderns und seine Beziehung zum restlichen Selbst bekannt? (Kapitel 4, 6, 8)

Welche Kontrolle haben wir über das Bilderleben, und was sind die unwillkürlichen Aspekte? (Kapitel 4, 8)

Was ist für die Untersuchung der Bilder aus physiologischer, psychologischer und kognitiver Sicht relevant? (Kapitel 3, 4, 5, 6)

Welche Auswirkungen hat die Untersuchung der Dynamik des Bilderlebens auf die Kreativität? (Kapitel 4, 8, 9)

Ziel der Arbeit mit der Kreativen Trance ist, den Traumzustand zu einem Lebensort zu machen. Ziel dieser Schrift ist, ein wenig Licht auf diese Arbeit zu werfen, ihr Verständnis ein wenig zu erleichtern.

Wenn ich meinem Leiden einen Namen und eine Gestalt geben könnte, dann könnte ich es besiegen. - Sorbas, der Grieche

Zweck und Begründung

Die Fähigkeit des inneren Bilderlebens enthüllt und offenbart das Wirken der Psyche. Wenn man kreativ mit inneren Bildern arbeitet, zeigt sich, daß sie ihrer Qualität nach gleichzeitig für körperliche, emotionale, geistige und spirituelle Aspekte des Seins stehen. Der Fluß der Bilder läßt sich mit einer vierdimensionalen Darstellung des Selbst vergleichen, die bewußtes, vorbewußtes, unbewußtes und letztendlich überbewußtes (transpersonales) Material enthält. Es werden sowohl qualitative (psychodynamische) als auch quantitative Funktionen (physiologische Prozesse) offenbart. Es wird Licht auf die Psyche geworfen und ein stärkeres Präsentsein ermöglicht.

Ich möchte kurz eine spekulative Auswirkung der Arbeit mit den inneren Bildern erwähnen, die meiner Ansicht nach die spannendsten Perspektiven eröffnet ... Es gibt verschiedene Beweisführungen, die darauf schließen lassen, daß die Fähigkeit zu einer erstaunlich vollständigen Aufzeichnung von Erfahrungen möglicherweise nahezu universal ist und daß das Problem im wesentlichen darin besteht, sich Zugang zu den Wurzeln zu verschaffen ... Das Vehikel des außergewöhnlichen Erinnerungsvermögens sind die inneren Bilder, das Bilderleben ... Das indirekte Mittel des Bilderlebens könnte der Schlüssel zur sagenhaften Schatzkammer der Erinnerung sein, wenn wir lernen, diese vernachlässigte Fähigkeit zu nutzen. (Green, 1973)

Persönliche Veränderung setzt voraus, daß man seine eigene Konstitution kennt. Zusammen mit dem aktuellen Verhalten ist die Kenntnis früherer Konditionierungen und der eigenen Konstitutionsstrukturen ein machtvolles Instrumentarium, *schädliche Strukturen abzubauen* und verzerrte Impulse und Handlungen umzuformen. Für dieses notwendige Wissen ist das Bilderleben eine der wirksamsten Hilfsquellen, die ich kenne. Die Inhalte der Bilder offenbaren: ungelöste Konflikte und verdrängte Traumata, Funktionsstörungen, Unterdrückung und Verschiebung emotionaler und psychischer Ereignisse *sowie auch die Mittel und Wege zur Auflösung dieser negativen Konditionierungen.*

Im Hinblick auf das Wachstum enthüllen die Bilder latente Faktoren, die veränderungsfördernd wirken - Potentiale, die bisher aus dem Bewußtsein ausgeschlossen waren. Warum das so ist, darauf wird im Text ebenso eingegangen, wie auf Beispiele für diese Bilderfunktionen. Und schließlich offenbaren die Bilder auch die Neigung, das Bewußtsein zu erweitern und das Gewahrsein zu vertiefen. Ich weiß nicht, wie das Bewußtsein diese Bilder eigentlich aussucht, aber ich gehe von der Annahme aus, daß diese Bilder Teil dessen sind, was grundlegend das Bewußtsein ausmacht. Das Bilderleben ist eine eigenständige Funktion, die man aus eigener Wahl verstehen und anwenden kann. Für mich stellt das Bilderleben eine natürliche Brücke zwischen dem Bewußtsein und dem restlichen Selbst dar. Der kürzeste Weg zum Unbewußten verläuft vom bildernden Subjekt zum vorgestellten Bild. Was vom Bewußtsein ausgelassen wird, offenbart sich im Körper und in den Bildern durch Symbolisierung. Man könnte die Bilder als eine höhere Synthese primärer Prozesse betrachten, biochemischer und organischer Funktionen sowie der Hirntätigkeit.

Ich fasse den Prozeß des Bilderns als eine Art Individuation auf, die das bewußte Selbst auf dynamische Art und Weise mit dem unbewußten Selbst vereint: die kommunikativen Strukturen der präverbalen und vegetativen Strukturen des Organismus werden so stimuliert, daß innere Bilder erzeugt werden.

Durch das Medium der Bilder wird die Kategorie Verstand mit der Kategorie Phantasie verbunden sowie auch mit den Erinnerungsspeichern der Erfahrung, um sowohl die innere Welt psychischer Werte als auch den funktionalen (d.h. organischen und somatischen) Grund dieser Werte aufzudecken. Wenn man sich dem Bilderfluß hingibt, liegt das Bewußtsein zweifellos in der Gegenwart, im Hier-und-Jetzt, und es wird das enthüllt, was die Gegenwart des jeweiligen Menschen ausmacht. Im Bilderleben verbinden sich Allegorie und Metapher (die auf das Denken einwirken) mit dem Mythos (der das Unbewußte, die Instinkte, das Intuitive) auslöst. Zeichen und Symbol sind auf eine dynamischere und lebendigere Art und Weise verbunden, als es in der verbalen Sprache möglich ist.

Der Philosoph Gaston Bachelard, dessen Vorstellungen von unschätzbarem Wert für mich sind, hat auf die Notwendigkeit des Vorsichhinträumens hingewiesen, um auf diese Weise den Begrenzungen der verbalen Sprache entgegenzuwirken.

Man ist beinahe versucht zu sagen, daß die Sprache selbst eine ihrer Lebendigkeit beraubte Mythologie ist, eine blutleere Mythologie sozusagen, die in formeller und abstrakter Form lediglich konserviert hat, was die Mythologie in lebendiger, konkreter Form enthält.. (Bachelard)

Psychologischer Sinn und Zweck

Der Mensch erzeugt Bilder von seinen äußeren und inneren Erfahrungswelten als Teil eines Anpassungsprozesses. Was nicht angemessen gehalten oder verarbeitet werden kann, wird in Symbole verpackt. Einige dieser Inhalte stehen im Widerspruch zu Wachstum und Gesundheit, andere sind an sich gesund etc. Wenn diese Bilder erst einmal verinnerlicht sind, werden sie zu einer verborgenen Quelle der Festlegung, Selbstzerstörung und des inneren Chaos. Die Bilder verschleiern die gefährlichen und angstmachenden Aspekte der Psyche und fördern gegen das eigene Selbst gerichtete Verhaltensweisen. Der in den Bildern verkörperte psychosomatische Inhalt wird vom Bewußtsein losgelöst und schlägt sich in unnützen psychischen, organischen und muskulären Verspannungen nieder. Mit Hilfe der hier dargestellten Prozesse kann die in diese Bilderprozesse fehlgeleitete und dort negativ eingesetzte Energie reorganisiert und auf sinnvolle, lebensbereichernde Art und Weise umgeleitet werden.

Als Phantasie stützen die Bilder eine pathologische Abwehrtätigkeit, wenn sie der betreffenden Person nicht zu einer realitätsbezogeneren Wirklichkeitsorientierung dienen können. Die Bilder brauchen eine gleichzeitige Verbindung zur Innen- und zur Außenwelt! Der Ursprung des Pathologischen ist die abspaltende, die fragmentierte Persönlichkeit. Diese Fragmentierung beginnt in der Kindheit (und möglicherweise bzw. wahrscheinlich noch vorher, nämlich im Mutterleib). Sie wird dadurch verursacht, daß die Bedürfnisse des primären Selbst nach Genährtwerden, nach Schutz und Liebe nicht angemessen erfüllt werden sowie durch die impliziten Beschränkungen der menschlichen Psyche!

Terminologie und Geschichte

Terminologie - Die Bilder, mit denen die Kreative Trance arbeitet, sind im normalen Wachbewußtsein vorhanden; man spricht hier im allgemeinen von *eidetischem* Bilderleben, d.h. von der außergewöhnlich genauen und lebendigen Vorstellung visueller Bilder. Es wird auch manchmal als autonom (auchthonous) bezeichnet, als das, was sich der bewußten Kontrolle entzieht. Dieses Bilderleben ist *katathym* oder durch Erfahrung erzeugt. Freud nannte das Bilderleben in Tagträumen *mnemonisch*, d.h. das, was die Erinnerung fördert. Der bekannteste Begriff ist das *hypnagogische* Bilderleben, ein Begriff, der von vielen modernen Praktikern benutzt wird. Die Fülle der Begriffe läßt darauf schließen, daß die Konzepte mehrdeutig sind im Hinblick auf den Zweck der Bilder im Rahmen des persönlichen Verhaltens. Die Nomenklatur scheint von dem jeweiligen Fachgebiet bzw. dem behandelten Themenbereich abzuhängen. Der hypnagogische Zustand geht dem Einschlafen unmittelbar voraus, es ist ein Zustand des halbwachen, entspannten Bewußtseins. In dieser Phase kommt es oft zu spontanen Bildern.

Wenn ich für meine Zwecke *ab jetzt von Bilderleben bzw. inneren Bildern spreche und nicht ausdrücklich eine andere Definition gebe, meine ich damit Bilderleben in einem Zustand der Wachheit,* vom Dösen bis zur Hypermanie. Die Bedeutung verschiedener Wachheitsgrade für das Bilderleben wird ausführlich in den Kapiteln 4, 5 und 8 behandelt. Wenn nicht ausdrücklich erwähnt, bezieht sich der Begriff Bilderleben nicht auf solche Zustände des Bilderns, die mit Schlafträumen, Halluzinationen, Hypnosen oder durch die Einnahme von Drogen verursachten Bildern zusammenhängen. Ich behaupte nicht, daß das Bilderleben im Wachzustand sich seiner Art nach von diesen anderen Zuständen unterscheidet, sondern daß das Bilderleben in einem Kontext betrachtet werden muß. Wenn auch gelegentlich in grundlegender Absicht mit anderen Zuständen gearbeitet wird, bezieht sich doch die Arbeit fast ausschließlich auf die Bilder des Wachzustandes. Dies ist gleichzeitig eine Definiton der in diesem Buch beschriebenen Arbeit, denn das ist der einzige Zustand, der es dem bestimmenden Ich erlaubt zu funktionieren, während der die Bilder erlebende Mensch am Leben der Bilder teilhat.

Kreative Trance bedeutet, daß die betreffende Person wach ist und daher, anders als im Traum und in anderen Zuständen des Bilderns, vollen Zugriff auf die normalen Bewußtseinsprozesse hat. Gleichzeitig ist aber auch das Bilderleben zugänglich, das normalerweise mit einem weniger als vollwachen Zustand verknüpft wird. Meiner Ansicht nach handelt es sich dabei um eine Phase, in der die bewußten und unbewußten Fähigkeiten an einem entdifferenzierten Ort zusammenkommen, in einer durch diskursives Denken vermittelten Einheit von Wahrnehmung, Affekt und Erfahrung. Es ist, als würde man die analytische Vorstellung des freien Assoziierens nehmen, um die visuelle und verbale Dimension erweitern, sowohl das Bewußtsein als auch das auftauchende Unbewußte damit verbinden, Vergangenheit und Zukunft mit der Gegenwart vermischen und wäre dabei gleichzeitig Zuschauer und Teilnehmer - dann hätte man eine funktionale Beschreibung von Kreativer Trance. Dies ist eine eingeschränkte Beschreibung, denn die Arbeit mit dem Körper selbst - ein eigenständiger Bereich - ist ein konzeptueller und praktischer Bestandteil des Prozesses.

Geschichte: Bis 1966 wurde in den USA nicht ein einziges Buch veröffentlich, das sich ausschließlich der systematischen Untersuchung der Phantasie widmete, unter welcher Bezeichnung auch immer.

Die meisten Arbeiten über inneres Bilderleben befassen sich mit dem Schlaftraum sowie mit der Interpretation und Analyse der Traumsymbole im Rahmen psychoanalytischer Behandlung oder der verhaltenstherapeutischen Desensibilisierungstherapie. Auch die meisten existentiellen Psychotherapien arbeiten mit Interpretation. Diese Praktiken liefern zwar viele Informationen für die therapeutische Arbeit, aber mein eigenes Interesse gilt der Art von Arbeit mit inneren Bildern, die nicht auf interpretativen oder dualistischen Methoden beruht. Das zeichnet diese Methode vor allen anderen aus.

Jungs Prozeß der aktiven Imagination stellt insofern einen *Mittelweg* dar, als Jung bei dem eigentlichen Bilderleben nicht anwesend war. Er riet den Klienten, zu Hause auf ihre inneren Bilder zu achten und das daraus resultierende Material anschließend in der Therapiestunde zu besprechen. Meine eigene Arbeit wurde ganz unmittelbar durch die Veröffentlichungen folgender Praktiker beeinflußt: Dr. René DeSoille aus Paris (verstorben), Dr. Hanskarl Leuner aus Göttingen, Carl Happich aus Darmstadt, Frederick Maunz, Dr. Roberto Assagioli aus Florenz, Italien, und William Swartley aus den USA. Von den Genannten kenne ich bisher nur Swartley persönlich, hoffe aber, einige der anderen noch kennenzulernen und mich weitergehend mit ihrer Arbeit auseinandersetzen zu können. Diese Menschen arbeiten ebenfalls mit dem inneren Bilderleben, wobei die Aufzählung sich auf solche praktizierenden Therapeuten beschränkt, deren originäre Arbeit von grundsätzlichem Wert ist. Es ist unwahrscheinlich, daß ihre speziellen Methoden denen der anderen oder meinen eigenen genau gleichen. Swartley ist der einzige, der in größerem Ausmaß die Körperfunktionen mit einbezieht.

Verallgemeinernd kann man sagen, daß die Kreative Trance sich von den meisten dieser anderen Praktiken dadurch unterscheidet, daß sie ihren Schwerpunkt auf eine existentielle Herangehensweise an das Bilderleben legt sowie auf eine phänomenologische Art der Kommunikation mit den inneren Bildern. Diese Arbeit stützt sich weniger auf therapeutische Kontrolle, sondern vielmehr auf stärkere Intervention während des Bilderlebens von seiten des Leiters. Da all dies in den folgenden Kapiteln ausführlich besprochen werden wird, möchte ich diesen Abschnitt mit einer Auflistung der Begriffe beschließen, die speziell für die von verschiedenen Männern praktizierten Methoden gelten. DeSoille spricht bei seiner Arbeit vom *gelenkten Tagtraum* (*rêve éveillé*) oder dem *Wachtagtraum*. Leuner beschreibt seinen Prozeß als katathymes Bilderleben. Swartley benutzt den Begriff *initiierte Symbolprojektion*. Die Technik selbst wird oft als *symbolisches Visualisieren* oder *gelenkte Phantasie* bezeichnet. Ich meinerseits nenne den Gesamtprozeß gerne die *Inkarnation psychischer Energien* und die Arbeit mit den Bildern die *Kreative Trance*. Zusammen mit den dazugehörigen Vorstellungen Systemen ergänzender Prozesse bezeichne ich meine eigenen Prozesse *insgesamt* als Unitive Psychologie.

Aufbau des Textes

Kapitel 1 soll den Hintergrund und die Erklärungsgrundlage für die restlichen Kapitel entwickeln. Kapitel 2 ist eine kurze Darstellung meiner philosophischen Positionen und Einstellungen zur Vorsätzlichkeit persönlicher Veränderung; insbesondere erläutert es die meta-psychologischen Grundlagen, auf denen meine psychologische Arbeit beruht. Ich hielt es für wichtig, einen solchen Abschnitt mit einzubeziehen, und zwar ziemlich zu Anfang, da diese Einstellungen einen direkten und bewußten Einfluß auf die eigentlichen Arbeitssitzungen ausüben. Kapitel 3 stellt ebenfalls dar, was meiner Ansicht nach bei Verhaltensänderungen wirksam ist, ·aber dieses Kapitel gibt eine engere Beschreibung in psychologischen Begriffen und Konzepten. Kapitel 4 und 5 beschreiben das Bilderleben selbst sowie einige der Prinzipien der Interaktion mit den Bildern. Kapitel 6 ist eine konzeptuelle und technische Zusammenfassung der von mir benutzten Energiemobilisierungsprozesse, der Rolle des Körpers und der Beziehung dieser Praktiken zur Interaktion mit den Bildern. Kapitel 7 gibt eine kurze Zusammenfassung der Gestalt-Therapie, eines meiner Hauptinstrumentarien. Kapitel 8 befaßt sich mit der Methode. Sie steht an dieser Stelle, weil ich es für notwendig hielt, zuerst das vorhergehende Material verständlich zu machen, bevor ich auf die Konzepte eingehe, auf die die eigentliche Arbeit sich stützt. Kapitel 9 gibt eine einstündige Sitzung in ganzer Länge wieder, und zwar versehen mit einigen Anmerkungen, um die durch Konzept und Beschreibung bedingten Abstraktionen etwas konkreter zu machen. Im Text werden zwar immer wieder Beispiele aus tatsächlichen Sitzungen angeführt, aber dies ist die einzige im Text enthaltene vollständige Sitzung. Kapitel 10 ist eine abschließende Zusammenfassung, enthält meine eigene Kritik am Text und befaßt sich mit den Auswirkungen der Kreativen Trance auf die Gebiete Pädagogik, Medizin und die Naturwissenschaften.

Meiner Ansicht nach ist all dies nur eine Einleitung für das Erleben der Arbeit selbst - ein Ganzes, das größer ist als die Summe der einzelnen erarbeiteten Teile. Ein weiterer Teil dieses Projektes besteht in einer auf Video aufgezeichneten Demonstration der Arbeit selbst.

Kapitel 2

Bewußtsein, Wahrnehmung und Sein

Einleitung

Therapeutische Intervention wird vermittelt durch die der Arbeit des Therapeuten zugrundeliegenden Einstellungen, die Art und Weise, wie der Klient mit Veränderung umgeht sowie die Qualität ihres gegenseitigen Verständnisses dieser Einstellungen. Ich möchte daher meine eigenen Einstellungen deutlich machen. Sie sind eine Synthese aus vorherrschenden Einflüssen bestimmter Vorstellungen und Methoden. Dazu gehören die Vorstellungen des Existentialismus, westlicher und östlicher Mystiker sowie bestimmter Autoren, im wesentlichen Dostojewski, Nietzsche, Kazantsakis und Solschenitzyn.

Bewußtsein

Der Unterschied zwischen dem üblichen Wissenschaftsdenken und meinem eigenen Denken in puncto Verhalten betrifft die Definition von Bewußtsein und die den Bewußtseinsebenen zugewiesenen Rollen. Ich glaube, daß unsere Wahrnehmung und demzufolge auch unsere (willkürliche oder unwillkürliche) Auswertung der Erfahrungen bzw. unsere Reaktionen darauf, durch den Grad unseres Bewußtseins bestimmt werden. Es gibt keine objektive Wahrnehmung, und bei der Identifizierung von Problemen, Lösungen und angemessenem Handeln gibt es keine "Vorgaben". Die Behauptungen, die über das Bewußtsein aufgestellt werden, lassen sich wie folgt zusammenfassen:

So etwas wie Bewußtsein gibt es nicht. (B.F. Skinner et al. - die Behavioristen)

Es gibt nur einen einzigen Bewußtseinszustand, der durch unterschiedliche Wachheitsgrade modifiziert wird. (Die Standardposition der Wissenschaft)

Es gibt eine Abstufung von Bewußtseinszuständen, die vom Tiefschlaf bis zum Überbewußtsein reicht. (Die Position der Mystiker, der Transzendentalisten, der transpersonalen Psychologen und einiger Existentialisten.)

Roland Fischers Artikel "Kartographie meditativer und ekstatischer Zustände" (1971) vermittelt ein detaillierteres Bild der Möglichkeiten dieser Zustände. In der Form eines Halbkreises stellt er ein von ihm so genanntes Wahrnehmung- Halluzinations- und Wahrnehmung-Meditationskontinuum dar (siehe Abbildung unten). Das "Ich" in der Mitte des Kreises ist der Normalzustand.

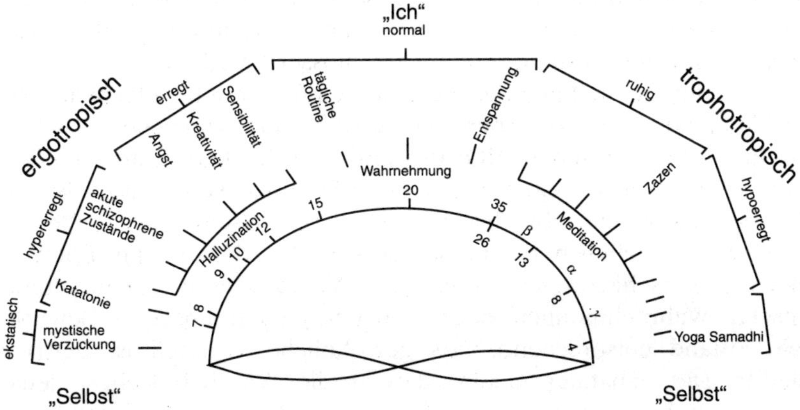

Abb. 1 Verschiedene Bewußtseinszustände, dargestellt auf einem Wahrnehmung-Halluzinationskontinuum zunehmender ergotropischer Erregung (links) und einem Wahrnehmung-Meditationskontinuum zunehmender trophotropischer Erregung (rechts). Diese Stufen der Hyper- bzw. Hypoerregung werden als normale, kreative, psychotische und ekstatische Zustände (links) interpretiert, bzw. als Zazen und Samadhi (rechts). Die Schleife verbindet Ekstase und Samadhi miteinander, was als Reaktion auf intensive ergotropische Erregung beobachtet wird. Die Zahlen 35 bis 7 auf dem Wahrnehmung-Halluzinationskontinuum sind Goldsteins Variationskoeffizient und geben die Abnahme der Schwankung der EEG-Amplitude bei zunehmender ergotropischer Erregung wieder. Die Zahlen 26 bis 4 auf dem Wahrnehmung-Meditationskontinuum dagegen beziehen sich auf die Beta-, Alpha- und Theta-EEG-Wellen (in Hertz gemessen), die zwar nicht spezifisch sind für diese Zustände, aber in ihnen normalerweise vorherrschen.

Das linke Kreisviertel wird ergotropisch genannt; hierbei handelt es sich um einen zunehmend übererregten Zustand, der über Sensibilität, Kreativität, Angst, akute Schizophreniezustände zur Ekstase oder zum Selbst führt. Ähnlich verläuft der Weg im rechten, sogenannten trophotropischen Kreisviertel von Entspannung, Meditation, innerer Ruhe über den untererregten Zustand zum Yoga Samadhi oder Selbst. Das Selbst der linken Seite ist mit dem rechten Selbst durch eine Endlosschleife, dem Zeichen für Unendlichkeit, verbunden. Die Schleife stellt die Reaktion der Ekstase auf Samadhi dar, und umgekehrt. Beides sind Aspekte des Selbst.

Die Position, von der ich mich leiten lasse, ist die der Bewußtseinsabstufungen, auch wenn sie von der heutigen Natur- und Sozialwissenschaft noch nicht anerkannt wird und von objektivistischen Bewußtseinstheorien ausgeschlossen wird.

Was die Beurteilung der Realität betrifft, besteht allgemein das Problem, wie man zwischen scheinbaren und wirklichen Erscheinungen, d.h. zwischen Illusion und Wirklichkeit unterscheiden kann. Wenn jemand ein Seil mit einer Schlange verwechselt, ist die Reaktion zwar echt, aber falsch. Genau mit diesem Punkt habe ich angefangen - nämlich damit, daß unsere Reaktionen zum Teil von unseren Einschätzungen abhängen. Wir bewerten entsprechend unserer Wahrnehmungen oder, genauer gesagt, unserem Bewußtseinszustand entsprechend. Das gewöhnliche Vorurteil ist Beispiel hierfür. Der Fanatiker glaubt, daß er die Wahrheit sieht - seine Wahrnehmung ist von seinem Bewußtseinszustand abgeleitet.

In der Abstufung des Bewußtseins ist implizit die Möglichkeit zur Bewegung enthalten, zur Verengung und Erweiterung des Bewußtseins. Diese Verengung und Erweiterung bestimmt die Fähigkeit des Menschen, die Quellen seiner Erfahrung wahrzunehmen, zu spüren und anschließend zu beurteilen - *innerlich und äußerlich*. Das dürfte kein Geheimnis sein, denn alle Lebensfunktionen im menschlichen Organismus und in der Natur streben nach einem stabilen Gleichgewicht zwischen Zusammenziehung und Ausdehnung. Man denke zum Beispiel an Entropie und Negentropie im Universum, die systolische/diastolische Tätigkeit des Herzens und die einander entgegengesetzten Funktionen der Streck- und Beugemuskeln. Das normale Wachbewußtsein ist ein halb zusammengezogener Zustand, der zur Ausdehnung fähig ist. Durch die Ausdehnung wird das Halbdunkel erleuchtet, und man sieht, reagiert und beurteilt anders.

Die Experimentalpsychologie hat unzählige Male demonstriert, wie die Wahrnehmung durch Veränderung der äußeren Umgebung oder durch Veränderung der Funktionsmechanismen der Wahrnehmung ausgetrickst und verzerrt werden kann, aber diese Experimente benutzen in der Regel das "Normal"bewußtsein als grundlegendes Meßkriterium. Veränderte Bewußtseinszustände werden durch Konditionierung, Drogen, körperlichen Streß und einfache Suggestion hervorgerufen. Mit "verändert" sind normalerweise "nicht-gewöhnliche" Zustände gemeint. Ich behaupte hier, daß die meisten Menschen ständig in einem veränderten Bewußtseinszustand sind (aufgrund von Konditionierung, die die volle Funktionsfähigkeit des Organismus einschränkt), der unmittelbar für die Qualität ihrer Wahrnehmung und die anschließende Entwicklung ihrer Persönlichkeit verantwortlich ist.

Die meisten Therapieformen (und psychologischen Wissenschaften) richten nun ihre Aufmerksamkeit auf die Realität des halbentwickelten Bewußtseins, auf den "Normalzustand", und von dort aus nach unten in das verdrängte Unbewußte. Wenn man das Normalbewußtsein als mittleren Zustand betrachtet, von dem aus es auch nach oben weitergeht, muß eine vollständige Therapie die Phänomene des erweiterten Bewußtseins mitberücksichtigen. Zugegeben, es ist schwierig, nach oben weiterzugehen. In der Regel ist eine umfassende Arbeit und Auseinandersetzung mit dem Unbe-wußten nötig, bevor das möglich ist.

Die Psychosynthese, ein von Dr. Roberto Assagioli entwickeltes psychotherapeutisches System, ist der erste formelle Versuch, die oberen Bereiche des Bewußtseins anzuerkennen und zu diesem Zweck bestimmte Techniken zu entwickeln. Von entscheidender Bedeutung für seine Arbeit ist der Einsatz innerer Bilder sowie Meditation - ein Prozeß, den er als Psychosynthese bezeichnet. Diese Richtung wird wahrscheinlich eine der einflußreichen Therapieformen der Zukunft sein.

Die Kreative Trance teilt die Interessen der Psychosynthese. Abraham Maslows Untersuchung des Grenzbewußtseins ist ein weiteres Beispiel. Das Ziel dieser "neuen Therapien" ist, das Potential der von dem Mathematiker und Philosophen Alfred North Whitehead als "undifferenziertes ästhetisches Kontinuum" bezeichneten Erfahrung freizusetzen.

Apodiktisches und beschreibendes Wissen

Apodiktisches Wissen ist persönlich, intuitiv und erfahrungsbezogen. Es schließt die empirische Dimension mit ein. Beschreibendes Wissen ist abstrakt, losgelöst von Erfahrung und beansprucht, objektiv - d.h. wahr - zu sein.

Es gibt zwei Arten von Informationen über die Realität: einerseits das Wissen über *etwas, das beschreibend ist, und auf der anderen Seite das Wissen, das aus der Realität selbst kommt (apodiktisch).Wenn man "Wissen" im weitesten Sinne nimmt, würde ich das erste als erfahrbares Wissen bezeichnen und das zweite als nicht erfahrbares Wissen.*

Wissen ist dann erfahrbar, wenn es die Beziehung zwischen Subjekt und Objekt darstellt. Das Subjekt als Wissender und das Objekt als das Gewußte... Derjenige jedoch, der (nicht erfahrbares Wissen) hat, ist trotz dessen persönlichem Charakter absolut von der Universalität des Wissens überzeugt. Er weiß, daß jeder es hat, aber nicht jeder sich dessen bewußt ist. (Holmes, in Suzuki, 1987)

Dieses Zitat ist Teil einer Beschreibung der Zen-Einstellung zu Wissen und Handeln. Es stammt von einem der herausragendsten Zen-Philosophen, Diatoro Suzuki, der sowohl Praktiker als auch Theoretiker ist.

Wissen bzw. Erkenntnis der Wirklichkeit gilt dem objektiv beschreibenden Modell aus mehreren Gründen als überlegen:

a) Erkenntnis stellt ein offenes System dar, demzufolge *Veränderung* die einzige Realität ist - alles Statische wird als ein Produkt von Illusion und Nichtwissen betrachtet;
b) sie trifft keine rationalistischen Vor-Urteile über das Wesen der Erscheinungen -d.h. sie zwingt Sinn nicht auf, sondern leitet Sinn aus spontan offenbarter, offensichtlicher Wahrheit ab;
c) ihre Informationsquellen beinhalten mehr als das, was dem Normal- und Unterbewußtsein zugänglich ist - d.h. die Wahrnehmungen des höheren Bewußtseins (die nicht gewöhnlichen Realitäten) werden genutzt;
d) sie erfordert keine Unterwerfung des Geistes unter spezielle Formen der Erkenntnis oder Interpretation und beschränkt das, was als Wahrheit betrachtet wird, nicht auf das Öffentliche, Verbalisierte und Objektive;

e) sie schließt Werte, Gefühle und "Unwissenschaftliches" nicht aus ihren Untersuchungen und Schlußfolgerungen aus;
f) sie setzt die Erfahrungskategorien nicht mit der Erfahrung selbst gleich.

Was hier aber wirklich miteinander verglichen wird, ist die Standardhaltung der Wissenschaft und Philosophie des westlichen Denkens der letzten 300 Jahre mit dem wissenschaftlich-psychologisch-philosophischen Denken und Handeln der Nicht-Objektivisten in Ost und West. Diese Spaltung geht viel tiefer, als C.P. Snows berühmte Zwei-Kulturen-These der Trennung von Kunst und Wissenschaft. Es ist eine Spaltung, die sich auf das Verständnis und die Erfahrung der Realität bezieht sowie auf die Beurteilung dieser Realität.

Auswirkungen

Diese Spaltung bei der Beurteilung der Wahrheit ist kein nutzloses, abstraktes Spiel der Philosophen, sondern entspringt sehr eindeutigen menschlichen Dilemmata. Wenn man sich die Mühe macht, sich mit den wissenschaftlichen Ergebnissen östlicher Philosophie, Medizin, Mathematik, Kunst und Psychologie auseinanderzusetzen, scheint da etwas zu sein, das es zu begründen gilt und das anders ist. Damit ist nichts gegen die westliche Wissenschaft oder das westliche Denken gesagt, das im größeren Rahmen des nicht-objektiven Denkens voll und ganz akzeptabel ist. Es ist nur so, daß die objektive Haltung sich für die apodiktischen Wissensstrukturen und -beziehungen verschließt und im wesentlichen ein starres, geschlossenes System darstellt. Diese starre Haltung baut auf der unbegründeten, unbewiesenen und gefährlichen Annahme auf, daß die Natur kontrolliert werden muß. Die psychologischen Auswirkungen dieser Haltung haben eine starre, überkontrollierende Bevölkerung hervorgebracht - Menschen, die davon abhängig sind, daß "Experten" ihnen sagen, wer sie sind. Das ist die genaue Gegenthese zum Erfahrungswissen, demzufolge Identität ein Produkt der Selbstentdeckung ist.

Die unmittelbaren Auswirkungen für Therapie und Wachstum sind vielfältig. Um nur einige wenige zu nennen: Die Abhängigkeit vom Experten, der die Wahrheit kennt, macht den einzelnen Menschen zu dem, was ich als *reaktives Objekt* bezeichne (man denke an die Reaktionsbildungsdynamik). Die apodiktischen Prinzipien dagegen führen zum *kreativen Subjekt*, zu einem Menschen, der persönliche Verantwortung übernimmt - was der Sinn von Wachstum ist. Apodiktisches Wissen ermöglicht es dem einzelnen, sich sicher in einem offenen Nicht-System zu verhalten, während die objektivistische Position die Notwendigkeit einer geschlossenen, systematischen Existenz als Preis für die Sicherheit vergegenständlicht.

Das Bedürfnis, die Geschlossenheit beizubehalten, fördert die Selbstunterdrückung sowie das Bedürfnis, andere zu unterdrücken; Gefühl wird als Feind der Rationalität betrachtet und dementsprechend unterdrückt. Das führt in der Folge zu einem Verlustgefühl, einem Gefühl des Getrenntseins. Der apodiktische Ansatz dagegen öffnet und unterstützt das ganze Sein. Ziel der Therapie (jeder Therapie) ist es, bei der Reintegration der verlorenen Teile des Selbst zu helfen. Damit das mit Erfolg geschehen kann, muß auf seiten der Theorie und der Praxis eine unterstützende Haltung vorhanden sein, die diese verlorenen Teile anerkennt. In dem Maße, wie die Eltern die rigiden Aspekte und kulturellen Normen - insbesondere hinsichtlich Gefühl, Sinnlichkeit, Sexualität und Einstellung zum Körper - reproduzieren, unterdrücken sie (in der besten Absicht) die Anteile des Kindes, die als nicht erlaubt oder nicht haltbar empfunden werden. Äußerungen wie "Sei ein liebes Kind!" enthalten immer die Philosophie der Gesellschaft und die Werturteile darüber, was als gut gilt - und damit als wahr.

Das Objektive und das Verständliche

Die Objektifizierung des Selbst, im Gegensatz zur Selbstenthüllung, ist eine wesentliche Quelle der Entfremdung und Verzweiflung. Entfremdung, weil man vom Nicht-Objektiven abgeschnitten ist; Verzweiflung, weil das jede Möglichkeit ausschließt, ganz zu werden, sich als ein Ganzes zu erleben. Wenn in der Therapie nach und nach das hochkommt, was bisher inakzeptabel war, wird die Anerkennung dieser verlorenen Teile des Selbst für den Klienten zu einer existentiellen Angstkrise. Denn diese Anerkennung verlangt in der Regel die Zurückweisung bestimmter Aspekte der Eltern und der Kultur, und diese Zurückweisung scheint eine noch größere Einsamkeit zu bedeuten. Die meisten Menschen ziehen hier das Nichtwissen vor, denn die Entscheidung für das Wissen bringt extremen Schmerz mit sich. In einer gebrochenen Gesellschaft stellt sich bei dieser Arbeit immer wieder die Frage: "Wohin geht der ganze Mensch?" "Lieber krank, als anders, ausgestoßen und inakzeptabel" ist die traurige Schlußfolgerung, die viele ziehen. Es scheint oft die Wahl zu sein zwischen einer sicheren, attraktiven Zelle und dem nackten, offenen Ödland. Und das ist es auch sicherlich, solange Entscheidung und Handeln vom *normalen* bewertenden Bewußtsein diktiert werden.

Der Preis für diesen Kompromiß ist der Verlust des Selbst (was ein schlechtes Gefühl verursacht), und zwar bedingt durch die Abhängigkeit von Unterstützung durch die Umwelt anstelle von Selbstunterstützung (einem Grundprinzip der Gestalt-Therapie). Andererseits setzen Wachstum und authentisches Handeln (die ein gutes Gefühl verursachen) eine Selbsterfahrung voraus, die sich nicht auf Erklärung und Rechtfertigung durch objektive Regeln reduzieren läßt. *Veränderung läßt sich demnach als der Versuch definieren, ein bestmögliches Funktionieren des Organismus gemäß der den Lebensprozeß unterstützenden Umweltrealitäten zu bewirken.* Pathologie ist das unvermeidbare Ergebnis des geschlossenen Systems, das gleichzeitig auf der organischen, affektiven und psychischen Ebene wirkt. Diese Ebenen sind die Summe des funktionierenden Bewußtseins. Therapeutisch gesehen wird Angst erzeugt, wenn eine der Ebenen geöffnet wird, weil es dann zu Konflikten mit den geschlossenen Segmenten kommt.

Durch das Medium der inneren Bilder und des Körpers erleichtert die Kreative Trance eine Selbst-Offenbarung, die der Stimme eines höheren Bewußtseins gehorcht sowie den Geboten des apodiktischen Wissens. Der Yaqui-Mystiker Don Juan drückt es folgendermaßen aus: *Man muß alles fühlen, sonst verliert die Welt ihren Sinn.* (Castaneda, 1975)

Die von mir unterstützten Prozesse berühren das Gebiet der Transpersonalen Psychologie, die von Maslow begründet wurde. Die transpersonale Erfahrung löst die Furcht (die existentielle Angst) davor aus, daß die gewöhnliche Realität, unsere Stabilität, nicht selbstverständlich als "real" angenommen werden könne. Wie es im Zen heißt: Der einzige Ausweg ist der Weg nach innen - weg von den Umweltwahrheiten äußerer Experten und hin zur das Selbst offenbarenden Autorität. Das führt wie selbstverständlich weiter zu einer Tiefenpsychologie, wie Ira Progoff sie beschreibt:

...das Ergebnis dieser Forschungen (gemeint sind Jungs Forschungen) *war auf einer bestimmten Ebene die Vorstellung*

der Archetypen. Sie bezog sich auf die Verhaltenstendenzen, die universell oder zumindest gattungsspezifisch sind ... Sie legt nahe, daß die Grundlage des Verhaltens, das die Theorie des Unbewußten zu erklären versuchte, nicht im Sinne von Verdrängung (Freud) zu verstehen ist, sondern im Sinne von Entwicklungsmustern, die dem menschlichen Organismus eigen sind. In diesem Sinne müßte die grundlegende Qualität des Unbewußten als Wachstum gesehen werden bzw. als Entfaltung von Mustern verschiedener Entwicklungsmöglichkeiten. Die Art und Weise, wie das Unbewußte funktioniert, ist daher nicht in erster Linie verdrängend, sondern zweckorientiert. Die Frage, die man an das Unbewußte richten muß, lautet nicht: "Was versteckt es?", sondern: "Was versucht es zu entfalten? (Progroff)

Mit seinem Postulat vom *dynamischen Gesetz der Erfahrung* erkannte Immanuel Kant dies bereits im 16. Jahrhundert an:...*die Objektivität eines Dinges läßt sich nur durch ein wissendes Subjekt realisieren, das natürliche Objekte durch den Prozeß des Erfahrens dieser Objekte miteinander verbindet.*(Kant, 1976)

Gesucht wird ein existentieller Realismus - d.h. keine spekulative Vorstellung der objektiven Realität, sondern der *begreifbaren Existenz.* Ich möchte diesen Abschnitt mit einer Äußerung eines Neurophysiologen abschließen, der diesen gesamten Abschnitt von der biologischen Dynamik aus beleuchtet: In seinem Vortrag hat A.K. McIntyre vor kurzem daran erinnert, daß:... *die komplexen und unlösbar miteinander verflochtenen Prozesse der Wahrnehmung, der Geistesaktivität und der motorischen Leistung alle von symbolischen Prozessen abhängen. Die Einschätzung der Außenwelt und das Bewußtsein vom Selbst hängen nicht nur von der Einwirkung der physikalischen und chemischen Einflüsse (Reize) auf die Sinnesorgane ab, sondern auch von deren Umwandlung in symbolische Darstellungen durch unglaublich komplexe Leitbahnen ganz anderer physiochemischer Ereignisse im Nervensystem, Symbole, die uns als solche nicht unmittelbar bewußt sind. Dieses dynamische Spiel der Symbole in speziellen räumlichen und zeitlichen Mustern innerhalb der Großhirnrinde ist es, das* ***die Wahrnehmungswelt jedes einzelnen Menschen erzeugt, eine Welt, die nicht identisch ist*** *mit der äußeren "physischen Welt", in der die äußeren Reize ihren Ursprung haben.* (Hervorhebung von mir)

Dualismus und Synthese

Fragmentierung und Abspaltung sind die typischen Züge der "kranken Persönlichkeit". Bei der Gestalt-Therapie spricht man von der unklaren Gestalt, bei der Vordergrund (das Selbst) und Hintergrund (das Nicht-Selbst) durcheinandergeraten, einschließlich der Aspekte des Selbst, die Teil des Nicht-Selbst geworden sind, die verleugnet werden bzw. verloren gegangen sind. Das Nicht-Selbst verzerrt das Selbst durch ein Handeln, das für das Bewußtsein nicht mehr vorhanden ist, und es entsteht ein Gefühl der Angst, der Impotenz und Unterdrückung. In der Therapie wird versucht, durch Ausgleichen der Funktionspolaritäten eine richtige Gestalt wiederherzustellen. Funktionsstörungen werden als ein Ungleichgewicht betrachtet oder als ein Verlust zwischen polarisierenden Funktionen - d.h. der Kontakt mit den notwendigen Aspekten des Selbst geht verloren.

Dualismus ist die philosophische Bezeichnung für dieses Abspalten. Es gilt als die grundlegende Ursache von Körper- und Geisteskrankheiten. Hier einige Beispiele für Dualismen: Körper/Geist, das Bewußte/das Unbewußte, Selbst/Nicht-Selbst, Ich/Es, männlich/weiblich, Gefühl/Verstand, Eros/Thanatos (Leben/Tod), das Subjektive/das Objektive. Die Unitive Therapie zielt darauf ab, das Ungleichgewicht zwischen den Polaritäten festzustellen, das zu Dualität führt, und diese Polaritäten auf harmonische Weise miteinander zu versöhnen oder eine Synthese zwischen ihnen herzustellen. Dualismus als Pathogenese entsteht dann, wenn Polaritäten dysfunktional werden, d.h. wenn nur ein Teil eines Prozesses (einer Gestalt) wirksam ist, aber als stellvertretend für das Ganze genommen wird. Psychologische Analogien für dieses Problem finden sich in den Begriffen Ambivalenz, Kompensation, Verschiebung, Verdrängung und Umkehrung. Das Abspalten erfordert eine Anpassung zur Aufrechterhaltung des Organismus - das Abgespaltene wird "vergessen", und was übrig bleibt, ist der Stoff, aus dem die bewußte Persönlichkeit gemacht ist. Angst ist eine natürliche Folge dieser Anpassung, denn die betreffende Person lebt in der ständigen Furcht, die zu ihrer Unterstützung notwendige Anpassung könnte versagen.

Sie muß sehen, wie sie mit der belastenden Dualität von Lust/Schmerz, Erregung/Unterdrückung, Sicherheit/Angst, Liebe/Haß fertig wird. Diese Funktionen müssen mehr tun, als von Natur aus vorgesehen ist, zum Beispiel physiologisch. Wenn die Streckmuskeln behindert werden, können die Beugemuskeln nicht natürlich funktionieren, da die spontane, antagonistische Beziehung gestört ist. Psychologisch ausgedrückt: die zur Blockierung des Schmerzes benötigte Energie steht als Energie für Lustempfindungen nicht mehr zur Verfügung. Anpassung statt Wachstum wird das Leitmotiv. In diesem Sinne kann man das psychische Leben als eine immerwährende Polarisierung und Spannung zwischen Funktionen betrachten, was wiederum ein ständiges Bemühen erfordert - sei es bewußt oder unbewußt -, Gleichgewicht und Harmonie herzustellen.

Psychosynthese ist nur möglich, wenn die in den Funktionen der unterdrückten Polaritäten verlorengegangene Erfahrung wiederhergestellt wird. Der Begriff der Synthese ist synonym gebraucht mit Gesundheit und Wohlbefinden. Um diese Synthese zu erreichen, müssen zwei Prozesse stattfinden: a) Quelle und Ursache der ursprünglichen Abspaltung müssen aufgedeckt und bearbeitet werden; b) das Bewußtsein muß so erweitert werden, daß die betreffende Person alle Funktionsdimensionen verarbeiten und bewältigen kann. Sie gewinnt das Verlorene zurück und erlebt eine umfassende Dimension des Seins. Swartley nennt diesen Prozeß "primäre Umerziehung" (*primal reeducation*). Die praktischen Ergebnisse dieses Prozesses machen dann einen anderen Lebensstil erforderlich, der in der Lage ist, sich auf nicht-dualistisches Verhalten einzustellen und es zu unterstützen.

Ontologische Notwendigkeit

Bei seiner Auseinandersetzung mit den Wurzeln der Entfremdung spricht Gabriel Marcel von einer "ontologischen Notwendigkeit", von einem *Bedürfnis zu sein*, was die Motivationsquelle des Handelns ist. Auf der primären Ebene äußert sich diese Notwendigkeit im Anspruch des Säuglings auf Versorgtwerden, auf Schutz und Liebe. Dieses Bedürfnis zieht sich durch das ganze Leben, wird aber in der Regel vom Erwachsenen sublimiert und macht sich nur in Streßmomenten sehr deutlich bemerkbar. Vermittelt wird es durch Angst und das Ausblenden der eigenen primären Bedürfnisse. Die liebende Mutter, die das Weinen oder die Wut ihres Kindes unterdrückt, unterdrückt damit dieses Bedürfnis, Da-Sein zum Ausdruck zu bringen. Die Stelle, wo Sein (das erlebte Bedürfnis) und Nicht-Sein (das von den primären Prozessen abgespaltene falsche Selbst) aufeinandertreffen, ist der Punkt existentieller Angst (*Impasse* in der Gestalt-Terminologie). Das Gefühl des Lebendigseins ist am größten, aber ebenso die Angst vor dem Ausgelöschtwerden, eine Wiederholung der traumatischsten Erfahrungen des ungeborenen bzw. neugeborenen Kindes, als es "abgeschnitten" war. Um diese panische Angst zu vermeiden, die von der "Normalität" gedämpft wird, meiden wir Konfrontation und Risiko und begnügen uns mit der klimatisierten Zelle.

Ein äußerst kreatives therapeutisches Vorgehen ist notwendig, um einen Menschen mit Erfolg durch diese Erfahrung hindurchzugeleiten. Wenn die Therapie nicht bewußt lediglich auf die Anpassung an die Normen einer etablierten Gesellschaft abzielt, muß sie unweigerlich die Wiederherstellung der Gültigkeit der ontologischen Notwendigkeit als eine grundlegende Voraussetzung für Gesundheit miteinbeziehen. Wenn es eine Aussage gibt, die alle "neuen Therapien" charakterisiert, dann die, daß sie sich nicht mit dem intellektuellen Dualismus zufriedengeben, der die Anliegen der Psychologie von denen der Philosophie und Religion trennt.

Der indische Weise Ramakrishna sagt dazu:

Ohne die Spannung (die durch die Suche nach dem Göttlichen, dem Erhabenen, dem Nicht-Dualen entsteht) würde der Mensch sich seiner Verlorenheit, seiner Unzulänglichkeit, seiner Abhängigkeit, seiner Schwäche, seiner Leere nicht bewußt. Seine Qual und sein Leid sind eine dialektische Notwendigkeit. Die Wurzeln der Religion liegen in dieser inneren Pein, die aufgelöst werden muß."

Man denke an Michelangelos Gemälde an der Decke der Sixtinischen Kapelle, an den (kleinen) Abstand zwischen dem Finger Adams und der Hand Gottes, wobei Adam sich angstvoll so weit es nur geht zu strecken scheint, während Gott wartet. In diesem Bedürfnis, Gott zu erreichen, liegen Verletzlichkeit und Angst. Sich zurückzuziehen bedeutet Rückzug auf das dumpfe Leben, auf die verzweifelte Frage, ob man jemals zur Einheit finden wird, sowie das Sichabfinden mit der "stillen Verzweiflung" (Thoreau). Das Endresultat ist eine ganze Liste existentieller Beschwerden der Anomie, Entfremdung und Nutzlosigkeit, verbunden mit den realen psychosomatischen Schmerzen des Organismus.

Kapitel 3

Therapeutik und Prozeß

Einleitung

Der Existentialismus sieht in den traditionellen Bildern von Neurose und Psychose nicht bloß Formen emotionaler Gestörtheit oder Geisteskrankheit, sondern spezifische Arten des In-der-Welt-Seins, die eine bestimmte phänomenologische Struktur haben (siehe Kapitel 2). Pathologische Erscheinungen sind das Ergebnis bestehender Muster der Selbsttäuschung, Entfremdung und Verneinung: Teile des Selbst werden überlagert, gehen verloren. Man *hat* nicht einfach nur Probleme - die ganze Lebens- und Seinsweise *ist* das Problem.

In der existentiellen Therapie liegt das Hauptgewicht darauf, so nah wie möglich an den Hier-und-Jetzt-Gefühlen und -Erfahrungen des Klienten zu bleiben. Die therapeutische Beziehung ist gekennzeichnet durch die nicht-technischen Aspekte des Zusammenseins: 1) *Präsenz* - der Therapeut ist mit seinem Gefühl anwesend; 2) *Intersubjektivität* - der Therapeut zeigt (seine Persönlichkeit) und setzt Handlung in Gang; 3) *Beteiligung* - das Bemühen wird als beidseitig wirkend betrachtet, und zwar vom Klienten ebenso wie vom Therapeuten. Dieselben drei Prinzipien gelten auch für die intrasubjektive Ebene, wie in den Abschnitten über Methode in Kapitel 8 dargelegt wird.

Der Unterschied zwischen existentieller Therapie und Psychoanalyse auf der einen Seite und Verhaltenstherapie auf der anderen sind komplex und fachspezifisch. In meiner eigenen Arbeit finden sich Elemente aus allen drei Richtungen. Ich würde hier aber gerne eine einfache Charakterisierung der Unterschiede anführen, die dem Problem angemessen ist, auch wenn sie willkürlich ist. Ich sehe die folgenden Unterschiede: Der Hauptschwerpunkt der Psychoanalyse liegt darauf, unbewußte Konflikte durch Einsicht *aufzudecken*; der *analysierende Arzt* tut etwas für den *Patienten*, indem er einen Begriffsrahmen in die Beziehung einführt, der zur Erklärung und zum Verstehen des Unbewußten des Patienten führt.

Bei der Verhaltenstherapie liegt der Schwerpunkt darauf, durch Manipulation funktionales Verhalten wiederherzustellen: Der handelnde *Wissenschaftler* macht etwas mit seiner Versuchsperson, indem er eine mechanische Technik einführt, die zur Vorhersagbarkeit und Kontrolle über das Verhalten der Versuchsperson führt.

Bei der existentiellen Therapie liegt der Hauptschwerpunkt auf der Entdeckung des Selbst durch Erleben: Der Prozeß wird dadurch erleichtert, daß der *einzelne Therapeut* innerlich *präsent* ist, in einer inter-subjektiven Beziehung mit seinem Gefühl *bei* dem einzelnen Klienten ist. *Die Psychoanalyse bezieht sich auf die Probleme, die Verhaltenstherapie auf den Mechanismus, die existentielle Therapie auf das Sein - auf die Einzigartigkeit der jeweiligen Person.*

Angesichts der biologischen Ähnlichkeit, aber charakterologischen Verschiedenheit bin ich der Überzeugung, daß nur existentiell-humanistische Prozesse den *ganzen* Menschen berücksichtigen.

Ich möchte hier schon einige der Einwände vorwegnehmen, die gemacht werden könnten. Ein guter Therapeut wird man nicht durch Philosophie und Methodik, und offensichtlich gibt es in jedem dieser Bereiche gleich viel hervorragende Therapeuten wie ungehobelte Techniker. Zweifellos trifft das obengenannte Schema auf orthodoxe Praktiker zu. Das erinnert auch an die Tatsache, daß selbst Freud nach heutigen amerikanischen Standards kein guter Freudianer war - er hielt einige Sitzungen beim Spazierengehen im Park ab.

Ziel

Die Kreative Trance hat das einheitliche Ziel, sich mit den Anliegen aller drei grundlegenden Therapieschulen auseinanderzusetzen: Ursprüngliche Strukturen schädlicher Unterdrückung und Konditionierung aufzudecken; bestimmte Reflexe oder dynamische Muster zu entkonditionieren; die zu einer besseren Selbstregulierung nötigen Hilfsmittel und Einstellungen verfügbar zu machen und dem Klienten zu helfen, Verhaltensmuster zu entwickeln, die mit einer vom Selbst gelenkten Persönlichkeit im Einklang sind.

Dieses Ziel führt zu einer systematischen Methode, mit Widerständen anstatt mit Symptomen oder Komplexen umzugehen. Die Widerstände werden als *Energiespeicher* aufgefaßt, die das Verlorene oder Abgespaltene enthalten. Abwehrmechanismen sind das Ergebnis der Entwicklung von Widerständen; durch Rückmeldung unterstützen und stärken sie den Widerstand. Energie in Form von Reizen aus inneren Quellen wird durch die Widerstände daran gehindert, nach außen zu gelangen und die Abwehrmechanismen und -verhaltensweisen zu stören. Für die Abwehrmechanismen unhaltbare äußere Reize werden durch die Widerstände daran gehindert, den inneren Zustand zu beeinträchtigen. Alles, was als inakzeptabel oder unerträglich bzw. als über die Verarbeitungsfähigkeit des Individuums hinausgehend empfunden wird, wird im Widerstand gespeichert.

Beispiele

Innere Reize - Ein bestimmter Gedanke macht einen ganz aufgeregt und man hat den Wunsch, diese Aufregung voll zum Ausdruck zu bringen, was bedeuten würde, lauter und auffälliger als normal zu werden. Durch Konditionierung, die sofort die Assoziation weckt: "Ungezogenes Kind - mußt du so schreien?" wird diese Bedrohung des Abwehrmechanismus abgeblockt, der entwickelt wurde, um Anerkennung zu finden.

Äußere Reize - Jemand macht einen wütend, worauf der normale Impuls wäre, sich zurückzuziehen, um sich auf den Kampf vorzubereiten, oder aber mit Wut assoziierte Fluchtreaktionen. Durch Konditionierung wird diese unwillkürliche Reaktion blockiert und der potentiellen Reaktion widerstanden - im Widerstandsspeicher unter Kontrolle gehalten.

Die Arbeit mit den Widerständen führt uns zu den *Konversionsphänomen* - der Symbolisierung oder Verschiebung von Affekten infolge der Funktion der Widerstände. Da wir uns in den Kapiteln 5, 6 und 8 ausführlicher damit befassen werden, will ich an dieser Stelle nicht weiter darauf eingehen.

Widerstand und Umwandlung können sich nur in dem Maße schädlich auswirken, wie die betreffende Person in der Lage ist, Impulse zu verdrängen. *Verdrängung* ist erlernte Verneinung. (Willkürliche und unwillkürliche) verneinende Impulse, die im Jugendlichen und Erwachsenen chronisch werden, verschmelzen schließlich mit dem Unbewußten. Verdrängung wird demnach als *Sozialisierung der Triebe* definiert, und zwar zu dem Zweck, Anerkennung und Liebe zu gewinnen. Verdrängung ist der psychosoziale Aspekt des Widerstandes, der eine psychosomatische Funktion ist. *Starke Verdrängung führt zur Depression.*

Depression läßt sich definieren als die kombinierte Wirkung von Verdrängung und Widerstand, die dann hochkommen und die betreffende Person beherrschen, wenn die Abwehrmechanismen sehr stark bedroht sind. Sie ist ein Symptom dafür, zu welchem Grade der Organismus/die Psyche "dicht" gemacht hat. Die Depression kann durch Streßaktivität bedingt sein, oder aber durch das Fehlen von Aktivität durch resignierten Rückzug.

Bei ihrem Bemühen, dem Klienten zu helfen, mit diesen Funktionsstörungen umzugehen, bezieht die Unitive Therapie die folgenden Aspekte mit ein: die von Freud, Jung, Fromm und Reich vertretene Theorie frühkindlicher Traumata; die von Jung herausgearbeiteten archetypischen Einflüsse des kollektiven Unbewußten; die mit Maslow verknüpften Grenzerfahrungen des unitiven Bewußtseins; die Vorstellungen und Praktiken von Existentialtherapeuten wie Medard Boss, Jacob Binswanger und Rollo May; Körperarbeit nach Wilhelm Reich, Alexander Lowen, Moshe Feldenkrais, Gerda und Mona-Lisa Boyesen, Franklin Stone sowie allgemein die Bereiche Yoga, Akupunktur und Pranayama (Wissenschaft vom Atem); die Gestalt-Therapie von Frederick Perls; die Psychodrama-Arbeit von Moreno; die Encounter-Techniken von W. Schutz. Diese Aufzählung ist unvollständig, aber umfangreich genug, um deutlich zu machen, welche Einflüsse auf psychologischem Gebiet in die Unitive Psychologie miteinfließen.

Methode

Dynamisch gesprochen soll eine intra-subjektive Dialektik zwischen dem Verbalen und dem Nicht-Verbalen angeregt werden. Das Nichtverbale besteht hauptsächlich aus den bilderarmen und den somatischen Reaktionen. Das kreative Unbewußte, das sich durch die inneren Bilder ausdrückt, wird angeregt, sich mit dem verdrängten Unbewußten in Verbindung zu setzen. Zu diesem Zweck wird ein veränderter Bewußtseinszustand herbeigeführt. In der aktuellen Literatur der Bewußtseinsforschung wird oft die folgende Definition von Ludwig zitiert:

Veränderte Bewußtseinszustände kann man definieren als *“durch verschiedene physiologische oder psychologische Vorgehensweisen oder pharmazeutische Mittel herbeigeführte Geisteszustände, die subjektiv von der betroffenen Person selbst (oder von einem objektiven Beobachter) als eine hinreichende Abweichung im subjektiven Erleben oder psychologischen Verhalten von bestimmten allgemeinen Normen für diese Person im Wachbewußtsein erkannt werden können.”* (Houston)

Der Prozeß der Kreativen Trance funktioniert nur in dem Maße, wie sich die willkürlichen und unwillkürlichen Aspekte des Selbst verbinden (willkürlicher Verstand und unwillkürlicher Bilderfluß und unwillkürliche somatische Reaktion). Dabei wird die Lebenskraft als allgegenwärtig aufgefaßt - die versteckten und verlorenen Aspekte des Selbst werden vergegenwärtigt, zum Teil als Symbolisierungen und als Umwandlungsphänomene. Die Arbeit mit der bilderproduzierenden Fähigkeit des Geistes ist dadurch gerechtfertigt, daß wir in dieser Funktion eine lebensfähige, wahre Darstellung des Selbst, *so wie es ist,* sehen. Diese Bilder sind ein lebendiger Teil unserer selbst. Als Abbildungen von leblosen oder belebten Objekten, Orten und Situationen bewirken die Bilder ebenso Veränderung wie jedes andere Organ oder jede andere Funktion und dienen ferner der Kommunikation mit der wahrnehmenden Intelligenz. Die einzelnen Bilder haben keine *vorgegebene* Bedeutung, so daß man sagen könnte, ein Bild "bedeutet" dieses oder jenes.

Die Bedeutung ergibt sich aus der Interaktion mit dem beobachtenden Aspekt des Selbst, und die Bedeutung ist das Resultat der Beziehung zwischen dem wahrnehmenden Geist, dem Unbewußten, der individuellen Lebenserfahrung und der Gesamtsumme der Einstellungen, Glaubensvorstellungen und Gefühle. Der Baum des einen stellt den Vater dar, der des anderen ein Körper-Ich, in wieder einem anderen Fall eine unverwirklichte Ambition oder die Suche nach Kraft zur Bewältigung einer Situation etc. Es gibt keine Grundtheorie, auf die sich alle Symbole letzten Endes reduzieren lassen müssen. Das Bild kann für vieles stehen, aber die Bedeutungszuschreibung muß der wahrnehmenden Person selbst überlassen bleiben, die ihren einzigartigen, ganz persönlichen Bezugsrahmen hat. Wo dieser Bezugsrahmen mit den Geboten der Wirklichkeit in Konflikt gerät, wird das Bild den Konflikt deutlich dramatisieren. Beispiele weiter unten im Text werden das verdeutlichen.Die Methode läßt sich in zwei grundlegende Handlungsaktivitäten zusammenfassen: *Steuerung des Bilderlebens* und *Teilnahme am Bilderleben.*

Steuerung des Bilderlebens

Mit Hilfe der Methode wird es möglich, die inneren Bilder auf Verlangen hervorzurufen und selbst zu bestimmen, wie und wann man sie an- oder abstellen will. Außerdem kann die betreffende

Person die Geschwindigkeit, mit der die Bilder ablaufen, die Kategorie der Bilder (Kapitel 4) und den Grad der Intensität steuern sowie, zu einem gewissen Grad, vorher festgelegte Ziele erfüllen (z.B. zu regredieren oder den Körper zu erforschen, sich mit bestimmten Ängsten zu konfrontieren oder nach Alternativen für spezielle Verhaltensweisen zu suchen etc.). Nach Erreichen eines bestimmten Intensitätsgrades läßt sich allerdings nicht mehr kontrollieren, was spontan hochkommt, sei es im Bilderleben oder auf der somatischen, emotionalen und geistigen Ebene. Die Kontrolle verstärkt das therapeutische Prinzip, demzufolge das Individuum über die Möglichkeiten und das Potential verfügt, Verantwortung für sich selbst zu übernehmen (- eines der Ziele). Es handelt sich außerdem um einen Befähigungsprozeß, der den Prozeß der Selbst-Offenbarung und therapeutischen Intervention entmystifiziert. Das Wichtigste ist jedoch, daß der Klient an diesem Prozeß durch das Medium seines eigenen Verständnisses und Bezugsrahmens, seiner eigenen Sprache und Weltsicht beteiligt ist. Er braucht sich nicht die Fachsprache des Therapeuten zu eigen zu machen, sich nicht den Lieblingstheorien des Therapeuten über Wahrheit und Bedeutung zu verschreiben oder sich abzumühen, seine Erfahrungen in Worte zu fassen. Da der Schwerpunkt auf dem intra-subjektiven Dialog liegt, bleibt die persönliche Einzigartigkeit erhalten, und das Prinzip der Selbstregulierung wird belebt (beides therapeutische Ziele).

Teilnahme am Bilderleben

So funktioniert das Ganze: Normalerweise verknüpft man Bilderleben mit Zuständen, in denen die Ich-Funktionen nicht zur Verfügung stehen (der Schlaftraum) bzw. zu einem gewissen Grad ausgeschaltet sind (Halluzination; hypnotische Trance; drogenbewirkte Ekstase. Bei der Kreativen Trance sind die Ich-Funktionen der Wahlmöglichkeit, der Entscheidung, Beurteilung und Reaktion weiter vorhanden. Das scheint paradox zu sein. Der Klient ist gleichzeitig mit den inneren Bildern und mit dem Leiter in Kontakt. Wissen aus Erfahrung verbindet sich mit Wissen über die Erfahrung. Es ist nicht so ganz einfach - worum es sich im Grunde handelt, ist ein Hin- und Herschwingen zwischen Momenten des teilweisen Untertauchens, und dieses Hin- und Herschwingen kann von Augenblick zu Augenblick erfolgen oder aber über längere Zeitphasen.

Teilnahme bedeutet, daß die Person, die die inneren Bilder *erlebt*, in die Bildersequenz *eingreift*, *unmittelbar* mit den Objekten des inneren Bilderlebens *kommuniziert* und den Objekten in der Sequenz mit Hilfe von Gestalt-Techniken (siehe Kapitel 7) eine Stimme verleiht. Das, was durch die inneren Bilder symbolisiert wird (keine Symbolisierung, sondern eine Mitteilung des Teils des Geistes, der Erinnerung und Vorstellung miteinander verbindet), wird vom Bewußtsein wiedererinnert. Man wird mit den verlorengegangenen, abgespaltenen oder unbekannten Aspekten des Selbst wiederverbunden: Da die somatischen Prozesse Teil der Arbeit sind, findet eine hochaffektive Reaktion statt, was gelegentlich in unwillkürlichen Reaktion gipfelt, die, wenn sie intensiv genug sind, zum Abreagieren führen. Zwischen dem, was ich mit unwillkürlicher Reaktion und Abreagieren meine, besteht ein qualitativer und quantitativer Unterschied, auf den ich in Kapitel 7 ausführlicher eingehen werde.

Bei dieser Teilnahme am Bilderleben handelt es sich um eine Begegnung des Selbst mit dem Selbst, die dem Klienten die Möglichkeit gibt, seinen Seinszustand *aufzudecken*, *anzuerkennen*, *sich mit ihm zu konfrontieren* und ihn zu verändern. Nach der Reise ins Innere (und manchmal auch währenddessen) besteht die Möglichkeit zu *primärer Reflexion* der aktuellen Erfahrung, der Bilder etc. sowie zu *sekundärer Reflexion* der Assoziationen und Einsichten, die unweigerlich hochkommen.

Diese Teilnahmephase ist im Einklang mit den dem ganzen Prozeß zugrundeliegenden philosophischen und psychologischen Prinzipien. Es ist die kulminierende Anwendung des Prozesses.

Regression, Wiedergeborenwerden und Halten

Zur Regression kommt es bei der Kreativen Trance recht oft und spontan. Im Hinblick auf Kontrollfaktoren läßt sich die Regression erweitern und vertiefen. Normalerweise geht es darum, abwechselnd mit den frühkindlichen Erfahrungen, den hochkommenden Traumata und den als Reaktion auf sie entwickelten Widerständen zu arbeiten. Es findet ein Hin- und Herpendeln zwischen regrediertem und erwachsenem Erleben statt, entweder im Verlauf von einer Sitzung oder einer Reihe von Sitzungen. Die Regression wird häufig als psycho-diagnostische Intervention genutzt, um etwas Licht auf das Erwachsenenverhalten zu werfen. Bei der Erfahrung des "Wiedergeborenwerdens" wird die Regression als Vehikel benutzt, um Veränderung zu bewirken. Damit ist wortwörtlich gemeint, die Geburtserfahrung erneut zu durchleben; zuerst so, wie sie war, und dann so, wie sie hätte sein sollen, falls die tatsächliche Geburt traumatische Aspekte enthalten hat. Das können Traumata sein wie die folgenden: die Nabelschnur hatte sich um den Hals gewickelt; Steißlagengeburt; Atemnot, weil die Mutter sich nicht entspannen konnte; Schmerzen und Schäden durch operative Eingriffe - wie Zange, Medikamente; Frühgeburt oder verspätete Geburt etc. Auch postnatale Faktoren tragen zur Entstehung von Traumata bei.

Das therapeutische Erleben des Wiedergeborenwerdens ist ohne jeden Zweifel real und sehr wirksam, egal, ob es sich bei der Erinnerung an die tatsächliche Geburt um einen Bericht handelt oder um eine in Symbole gekleidete Version, die entsprechend der aktuellen Verfassung des Klienten ausgestaltet ist. Meiner Erfahrung nach kann es mindestens drei bis sechs Monate dauern, bis man die Auswirkung dieses Prozesses des Wiedergeborenwerdens voll und ganz absorbiert und die "neue" Existenz verarbeitet hat.

Während der Erfahrung des Wiedergeborenwerdens und in Momenten intensiver Regression muß der zum Kleinkind gewordene Klient sich vom Therapeuten gehalten fühlen. Die mit den somatischen Reaktionen verbundenen inneren Bilder sind so machtvoll, daß die Regression sich nicht leugnen läßt. Der Gesichtsausdruck, die Körperbewegungen und die Geräusche, die der Klient macht, entsprechen dem Alter, zu dem er regrediert ist. Im Zustand der Regression haben Verantwortungsvorstellungen, wie sie von einem Erwachsenen erwartet werden, keine Bedeutung. In dieser Situation die Forderung an den Klienten zu stellen, sich selbst zu unterstützen, würde bedeuten, ihn in ein böses *Double-Bind*-Dilemma zu stürzen. Die Regression konnte nur aufgrund eines tiefen Vertrauens in die Fürsorge des Therapeuten erfolgen, und dieses Vertrauen darf nicht mißbraucht werden. Passiert es doch, werden die Widerstände aller Wahrscheinlichkeit nach reproduziert und verstärkt, und der Klient verhärtet sich noch mehr. Eines der Ziele von Veränderung ist, das Potential für Verletzlichkeit und Offenheit zu vergrößern und gleichzeitig eine größere Sicherheit und Selbst-Unterstützung aufzubauen. Wenn die Verletzlichkeit sich zeigt, besteht die einzig verantwortliche Haltung des Therapeuten in einem fürsorgenden Verhalten. In der Unitiven Therapie beinhaltet das folgendes: Halten, wenn nötig Saugetechniken und ansonsten das dem fraglichen Alter entsprechende Verhalten. Diese Regressionsmuster müssen wiederholt werden, um so die Neuentwicklung zu verstärken, die an die Stelle des gestörten Verhaltens treten.

Versorgtwerden

Im allgemeinen reproduziert das Kind die Eltern durch die Dynamik von Introjektion, Imitation und Konditionierung. Das Kind verinnerlicht die Art und Weise, wie die Eltern auf die Bedürfnisse des Kindes nach Überleben, Schutz und Liebe (Nahrung, Wärme und Geborgenheit, physische Sicherheit, Berührung, Gehaltenwerden, Nähe) reagieren. Als Erwachsener setzt das Kind diese Versorgungsmuster fort, und zwar intrapsychisch dem "inneren Kind" (in jedem Menschen) gegenüber und nach außen tatsächlichen Kindern gegenüber. Enthält das Versorgtwerden negative Aspekte, werden diese zu einer Quelle des ständigen Schmerzes und zu einem Teil der chronischen Charakterstruktur. Der Schmerz ist auch dann noch entscheidend, wenn er unterdrückt oder sublimiert wird.

Bei dieser Frage geht es jedoch um mehr, als um die individuellen psychischen Faktoren. Die schicht- oder kulturbedingten Einstellungen spielen bei den Problemen des Versorgtwerdens eine wesentliche Rolle. Man geht allgemein davon aus, daß der Mensch verschiedene Entwicklungsphasen durchläuft: Säuglingsalter, Kindheit, Pubertät, Adoleszenz und schließlich Erwachsenenalter. Das Versorgtwerden verbindet man nur mit dem Säuglingsalter und der Kindheit, als ob diese Qualitäten sich auf eine Phase beschränken ließen. Das ist keine wissenschaftlich erwiesene Tatsache, und es gibt auch keinen objektiven Grund, das Versorgtwerden zu begrenzen. Dieser Zug ist charakteristisch für das krankhafte Verhalten der Gesellschaft gegenüber Weichheit, Berührung, Nähe und Liebe.

In unserer Kultur wird Rationalität maximiert und organische Natürlichkeit abgewertet bzw. auf der Prioritätenskala weit unten eingestuft. Mit der ständigen Ermahnung, kleine "Männer und Frauen" zu sein, zwingen die Erwachsenen den Kindern so früh wie möglich ihre Normen auf. Das führt in zweifacher Hinsicht zur Entstehung von Neurosen: Die Kinder werden emotional nicht ausreichend versorgt, und die mit dieser Art des Versorgtwerdens verknüpften Bedürfnisse bleiben das ganze Leben lang unbefriedigt. Das Resultat sind infantile Erwachsene, die sich noch immer nach der Berührung, der Nähe, der Liebe sehnen, aber unfähig sind anzunehmen oder zu geben, und zwar sowohl sich selbst als auch ihren Kindern. Die Sublimierung erfolgt größtenteils im Bereich der sogenannten sexuellen Befreiung, wo man "mit einem Fick bezahlt, um ein bißchen Liebe zu bekommen".

Die Gründe für diesen traurigen Zustand liegen in solchen philosophischen Einstellungen, die natürliches Verhalten mit Irrationalität gleichsetzen und Vernunft mit den abstrakten und den körperlosen Funktionen von Denken und Handeln. Unsere Kultur erzieht ihre Bürger dazu, sich ihres Körpers, ihrer Sinnlichkeit und ihrer Sexualität zu schämen. Sexuelles Ausagieren berührt diese irrationalen Tabus in keiner Weise, da der sexuelle Akt nicht automatisch ein Verhalten erfordert, das emotional versorgenden Charakter hat. Man kann "ficken", ohne Gefühle zu haben, ohne Nähe zu empfinden.

Die Unitive Psychologie hält die *lebenslange* Unterdrückung eines angemessenen emotionalen Versorgtwerdens für eine der wichtigsten Ursachen der Förderung von Neurosen. Sie hat sich das befreiende Ziel gesetzt, den einzelnen Menschen, die Gruppe und mit der Zeit die Gesellschaft zu dem lebenswichtigen, lustvollen und absolut berechtigten Bewußtsein zu erziehen, daß Berühren, Halten, Hingabe nicht unvereinbar damit sind, Mann oder Frau zu sein. In ihren Augen ist das Versorgtwerden keine Funktion einer chronologischen Altersspanne, sondern ein organisch notwendiger und lebensbejahender Teil der voll integrierten Persönlichkeit. Ashley Montague befaßt sich mit einem Großteil der aktuellen wissenschafltichen Forschung auf diesem Gebiet in seinem Buch *Touching*. Es ist Pflichtlektüre für jeden, der Unitiver Psychologe werden möchte.

Übertragung

Die Humanistische Psychologie neigt dazu, Übertragungsphänomene sowohl in der Theorie als auch in der Praxis vollständig zu vernachlässigen. Oder aber sie wird von ihren Vertretern mit Hinweis auf die Tatsache, daß sie ja als "Person" anwesend seien und nicht bloß passive Beobachter (wie der Analytiker) für unwirksam erklärt. Sie behaupten auch, daß die Techniken der Selbst-Konfrontation verhindern würden, daß es dem Therapeuten oder Gruppenleiter gegenüber zu Übertragungen kommen könne. Aus der Sicht der Unitiven Psychologie ist das nur eine Halbwahrheit. Als Gruppenleiter von Ausbildungsgruppen habe ich immer wieder die Erfahrung gemacht, daß überraschend viel Übertragung und Gegenübertragung auftaucht, mit der sich noch nie auseinandergesetzt wurde, weil sie angeblich ja gar nicht existierte.

Als Hauptargument für das Nicht-zur-Kenntnisnehmen der Übertragung wird ein vereinfachtes Konzept der persönlichen Verantwortung verkündet. Die Techniken, die so viel Macht haben, das Selbst zu enthüllen, Abwehrmechnismen abzubauen, Verletzlichkeit, Abhängigkeit und ein gewisses Maß an Regression herbeizuführen, veranlassen den Klienten - schneller und verführerischer noch als die Analyse - dem Leiter oder Therapeuten gegenüber in Übertragung zu gehen. *Der humanistische Therapeut versäumt es, die Verantwortung für diese Dynamik zu übernehmen*, die die Übertragung fördert und kaschiert.

Bei all dem teilt die Unitive Psychologie (die in vielem mit der Humanistischen Psychologie übereinstimmt) die analytische Sicht der Bedeutung der Übertragung nicht; sie sucht Übertragung zu verhindern, aber NICHT, INDEM SIE SIE ABLEHNT, sondern indem sie den Prozeß in den Grenzen des Intrasubjektiven hält. Übertragung findet statt, und sie wird anerkannt, aber sie spielt in dem Prozeß nur eine unbedeutende Rolle. Nach vierzigjähriger therapeutischer Erfahrung sagt DeSoille dazu:

Das Konzept der Übertragung, das in der Psychoanalyse von so großer Bedeutung ist, ist es auch wert, beibehalten zu werden. Bei der Arbeit mit dem geleiteten Tagtraum spielt es jeodch eine wesentlich geringere Rolle ... Beim geleiteten Tagtraum wird die Übertragung im allgemeinen einem symbolischen Charakter in der Geschichte gegenüber zum Ausdruck gebracht.

Dr. Charlotte Bühler, ausgebildete Analytikerin und eine der führenden Kinderpsychotherapeutinnen, übernahm gegen Ende ihres Lebens die Sichtweise der humanistischen Therapie. Ihre Einstellung zum Problem der Übertragung faßte sie wie folgt zusammen:

Übertragung und Gegenübertragung sind in sich selbst unzureichende Formulierungen ...Wenn man sagt, Übertra-

gungsphänomene seien die einzig sinnvollen Aspekte der psychotherapeutischen Beziehung, heißt das gleichzeitig, daß zwischen zwei Menschen in der Gesellschaft nur deshalb eine bedeutsame Begegnung stattfinden kann, weil der eine für den anderen immer ein Ersatz aus der Vergangenheit ist... Sie sind, was sie sind, aufgrund der Bedeutung von zwei Menschen, die in einem unmittelbaren und zukünftigen Zeitbezug füreinander von Bedeutung sind, die Symbolik der Vergangenheit bleibt bloß Vergangenheit. (Vortrag 1969)

Der Mensch wird als fähig betrachtet, in sich selbst die Wurzeln seiner Konflikte aufzudecken und die neu verfügbaren Möglichkeiten zu entdecken, mit deren Hilfe er dem Verhalten entgegenwirken kann, mit dem er sich selbst schadet. Anpassung, nahezu tiefe Regression, wird durch die "verlorengegangene" intrasubjektive Bewegung und Äußerung bewirkt. Wenn man in der Kindheit seine eigenen Ressourcen nicht adäquat entwickeln konnte, neigt man später dazu, die zum Ausgleich entwickelten Abhängigkeitsmuster zu wiederholen. Die Übertragungsbeziehung greift diese Tendenz unnötigerweise wieder auf und unterstützt sie noch. Wenn die Therapie dem Klienten die Möglichkeit vermittelt, seine Stärke, seine Ressourcen und seine Selbstunterstützung stärker zu entwickeln, werden die Übertragungsbedürfnisse entsprechend gemildert.

Kapitel 4

Bewußter Bilderfluß

Einleitung

Dieses Kapitel befaßt sich mit den Definitionen, Klassifizierungen und Beschreibungen der Bewegungen des geistigen Bilderlebens - den Bildern. Die Bilder, die in einem wachen Bewußtseinszustand in einem Menschen auftauchen, werden als *bewußter Bilderfluß* bezeichnet. Wenn nicht ausdrücklich anders hervorgehoben, meine ich diese Aktivität, wenn ich von Bilderleben, Bilderfluß, Bildersequenzen, Bilderszenen, Bildern spreche. Beschrieben werden sollen die Bilder selbst. In Kapitel 5 soll dann auf die psychische Dynamik des Bilderlebens eingegangen werden.

Zur Unterscheidung zwischen Bilderleben und Phantasie

Für Zustände des inneren Bilderlebens verwendet man im allgemeinen den Begriff Phantasie, wobei die Worte austauschbar sind. Das führt dann zu der Terminologie geleitete Phantasie, projektive Phantasie etc. Das ist für meine Zwecke jedoch nicht befriedigend. Hier wird eine bestimmte Art von Bilderleben - die Phantasie - mit dem Grundphänomen verwechselt, nämlich der Symbolisierung durch visuelle Bilder. Mit dem Begriff Phantasie verbindet man außerdem im allgemeinen etwas nicht Wirkliches bzw. den Versuch, der Wirklichkeit auszuweichen, oder bestenfalls eine nicht repräsentative Wirklichkeit - eine Wirklichkeit, die nicht wahr ist.

Da hier in Wortgebrauch und -bedeutung ein Mangel an Genauigkeit vorliegt, muß ich die von mir gewünschte Begriffsbedeutung genauer definieren. Die Begriffsverwirrung wird verstärkt durch das psychoanalytische Verständnis von Symbolisierung, das den Prozeß als eine Geistesstörung beschreibt. Diesem Verständnis zufolge ist der Prozeß dadurch gekennzeichnet, daß das Inakzeptable (insbesondere jene Gedanken und Gefühle, die sexueller Natur sind) durch Substitution und Umwandlung eine verkleidete und somit akzeptable Form bekommt. Wie bereits oben erwähnt, werden die

Symbolisierung und der darauf folgende Bilderfluß als eine natürliche, normale Funktion des Selbst betrachtet, als eine Kombination aus Erinnerung und Vorstellung in Harmonie mit den Funktionen anderer Aspekte des Selbst.

Wenn der Bilderfluß Symbolisierungen offenbart, die nicht in Einklang mit der Wirklichkeit sind oder für Substitutionsmuster stehen, die neurotische Anpassungen sind, dann hat man es mit Phantasie zu tun. Symbolisierung ist ein Prozeß, in den Phantasie mit hineinspielt, und Phantasie ist ein Symptom für Substitution. Zusätzlich zur Phantasie enthält das Phänomen der Symbolisierung wahre Beschreibungen von Aspekten der Persönlichkeit, des Unbewußten und des Körpers. Ganz ähnlich verhält es sich mit der verbalen Sprache. Die Sprache enthält Lügen, Verzerrungen, getarnte Wirklichkeiten, Modifizierungen von Gefühlen und Gedanken, Aspekte von Verdrängung, Substitution, Sublimierung etc. Aber deshalb sagen wir nicht, Sprache sei identisch mit Geistesverwirrung oder mit Phantasievorstellungen, sondern wir erkennen an, daß Sprache all das enthält *plus* der Fähigkeit, die Wahrheit zum Ausdruck zu bringen.

Sprache als Fähigkeit wird nicht als Symptom für etwas Pathologisches betrachtet. Ich behaupte, daß sich dieselben Kriterien auf die Fähigkeit des Bilderlebens/der Symbolisierung anwenden lassen. Außerdem ist die visuelle Sprache repräsentativer für das Gesamtselbst als die verbale Sprache. Sie ist nicht durch Syntax und Grammatik eingeschränkt, nicht auf die Äußerung des Rationalen reduziert. Ein Bild wiegt tausend Worte auf.

Wie die verbale Sprache ist auch das Bilderleben nur eine Fähigkeit unter anderen, aber es ist wesentlich für die organische Gesamtfunktion von Psyche und Soma.

Das Bilderleben ist genau deshalb ein so machtvolles Instrument zur Veränderung, weil es das Selbst spiegelt und das Unwirkliche oder Phantastische enthüllt.

Phantasie wird verstanden als eine Funktion der Abwehrmechanismen, die zur weiteren Selbsttäuschung und Täuschung anderer bewußt und unbewußt eingesetzt werden. Mit Hilfe der Phantasie kann man unangenehmen oder unannehmbaren Wahrheiten, Gefühlen und Impulsen aus dem Wege gehen. *Phantasievorstellungen enthalten aber auch Wahrheiten, Gefühle und Impulse, die für eine gesunde Persönlichkeit kennzeichnend sind, denen aber aufgrund der Unwissenheit und Angst der*

Eltern sowie des kranken Zustandes unserer Kultur Akzeptanz und Anerkennung verweigert wurden. Das Individuum gewinnt Anerkennung, indem es mit Absicht unterdrückt, was natürlich und gesund ist. Bei der sogenannten Phantasie handelt es sich daher in vielen Fällen nicht um etwas Krankhaftes, sondern um etwas Gesundes. Das ist auch gemeint, wenn weiter oben gesagt wird (Einleitung - Kapitel 3), daß die existentielle Therapie die traditionellen Neurose- und Psychosebilder als bestimmte phänomenologische Strukturen betrachtet, nicht bloß als Krankheitsformen.

Ein typisches Beispiel hierfür ist die Äußerung von Gefühlen. Ein Kind wird oft als brav angesehen, weil es gelernt hat, nie seine Wut zum Ausdruck zu bringen. Die unausgedrückte Wut findet später Eingang in die Phantasievorstellungen. Sie sind eine notwendige Anpassung der Unterdrückung der Wut. Die Phantasievorstellungen wurden durch die krankhafte Einstellung zur Äußerung von Wut verursacht, und *nicht* durch irgendeine Abartigkeit der betreffenden Person, weder als Kind noch als Erwachsener. Im Prozeß der Auseinandersetzung mit diesen Phantasievorstellungen wird die natürliche Äußerung von Wut als etwas Berechtigtes anerkannt und der Ursprung der Unterdrückung in den Eltern und der Gesellschaft für ungültig erklärt. Im Verlauf des Prozesses der psychosomatischen Integration werden diese Phantasievorstellungen, die gesunde Impulse enthalten, überflüssig und durch das eigentliche Funktionieren ersetzt - was von einem Großteil der Gesellschaft *noch immer als krankhaft betrachtet würde.*

Der Bilderfluß, der unserer Definition zufolge sowohl Phantasie als auch Realität enthält, ist kein Mittel zur Flucht vor der Wirklichkeit. Es ist für die bildernde Person vielmehr wie ein Stoß in eine tiefere Realität hinein, als normales Bewußtsein und Sprache vermitteln können. Wenn man sich in einem Prozeß wie der Kreativen Trance auf seine inneren Bilder bezieht, hat das eine intra-psychische Konfrontation zur Folge. Von Flucht muß man dann sprechen, wenn man die Bilder ganz zu meiden sucht, indem man sich auf vom rationalen Verstand geleitete Phantasievorstellungen des Typs "Wenn ich reich wäre, würde ich ..." oder auf Tagträumereien zurückzieht. Durch intrapsychische Begegnungen mit den inneren Bildern wird die Freisetzung und Aktivität unwillkürlicher Prozesse gefördert, mit denen man sich solange auseinandersetzen muß, wie man beim Bilderfluß bleibt.

Bewußter Bilderfluß im Vergleich zu anderen Bilderzuständen

Der bewußte Bilderfluß wird mit den Bilderzuständen anderer Bewußtseinsarten in vier Bereichen verglichen:

a) Bewußtseinszustände
b) Auslösungsmethoden
c) therapeutische Intervention
d) Beteiligung der betroffenen Person

Kapitel 5 und 8 sowie der Rest dieses Kapitels sind eine tiefgreifende Beschreibung des bewußten Bilderflusses. Ich habe nicht die Absicht, anhand dieser vier Bereiche Punkt für Punkt Vergleiche mit anderen Bilderzuständen durchzuführen. Es ist jedoch sinnvoll, einen Vergleichskontext herzustellen. Deshalb sollen hier die folgenden Bilderzustände besprochen werden: der Schlaftraum, der Tagtraum, durch Drogen hervorgerufene Bilder, psychotische Halluzinationen, durch Hypnose und Ekstase hervorgerufene Bilder.

Schlafträume

Bei Schlafträumen handelt es sich um das Material, das normalerweise für den Therapeuten bei der Arbeit mit Bildersymbolisierung von Interesse ist. Diese Träume erfolgen vor oder nach einer Tiefschlafphase, wenn der Schlaf leichter ist; die Aktivität des Bilderlebens wird in REM (rapid eye movement/ schnelle Augenbewegung) gemessen. Die Bilder werden passiv aufgenommen, der träumende Mensch hat keine bewußte Kontrolle über das, was im Traum geschieht. Der Kortikaltonus ist enthemmt, aber die Ich-Funktionen sind zeitweise ausgesetzt. Wenn die Traumbilder zu beunruhigend sind, wacht man auf, und das Bilderleben hört auf bzw. geht in einen Tagtraum über. Oder aber man fällt in eine Tiefschlafphase und hört auf zu träumen.

Der Traum entsteht durch die Fortführung der halbwachen Träumerei oder durch das Auftauchen ungehemmter Gefühle, Gedanken und Impulse. Traditionell gesehen steigen sie aus dem Unbewußten auf, ich glaube aber, daß auch das passive Bewußtsein Material zum Traum beisteuert. Sinn und Zweck des Träumens ist es, unerledigte Angelegenheiten von Psyche und Soma zum Abschluß zu bringen: Material, das nicht zufriedenstellend funktional integriert worden ist, das nicht in einer für das Bewußtsein akzeptablen Form auftritt, das einfach zur normalen Arbeit des Traumzustandes gehört - mit anderen Worten, es geht mir darum, mit psychischer und affektiver Überlastung umzugehen, von innen oder außen ausgehende Erfahrungen zu bearbeiten, die erst noch in die entsprechende Form gebracht werden müssen, um verarbeitet werden zu können und im Dienste biochemischer Funktionen als Verbindungsglied zwischen Körper und Geist zu wirken. In der (objektiven und auch der existentiellen) Analyse wird der Traum analysiert und der Inhalt im Kontext der Lebensgeschichte des Klienten interpretiert. Zu einem gewissen Grad kann der Traum in der Therapiesitzung erneut durchlebt werden, was zur Katharsis und zum Abreagieren führt.

Das Problem bei dieser Vorgehensweise ist, daß das Traummaterial bereits "abgekühlt" ist - d.h. es ist bereits Erinnerung, vermittelt durch Rationalisierung und Bewußtsein. Die eigentlichen Gefühlsreaktionen und die physiologischen Veränderungen, die spontan während des eigentlichen Traumes erfolgt sind, sind jetzt nicht da. Man setzt sich mit dem Traum in einem Bewußtseinszustand auseinander, der anders ist als der, in dem der Traum erfolgt ist. Man weiß einfach nicht, was bei der Wiedergabe des Traums vielleicht vergessen, verzerrt, der Zensur zum Opfer gefallen oder unbewußt unterdrückt worden ist. Die Reaktionen auf das Wiedererzählen des Traums sind die Reaktionen auf eben diesen Akt - den Akt des Wiedererzählens; es muß aber notwendigerweise ein Unterschied bestehen. Das heißt nicht, daß die Erfahrung wertlos ist - sie ist nur anders, als der eigentliche Moment des spontanen Träumens.

Bei der heutigen Erforschung von Traumzuständen wird oft versucht, diese Schwierigkeit zu umgehen, indem man die träumende Person im Schlaf beobachtet. Die Untersuchung besteht in der elektronischen Messung organischer Veränderungen, der optischen Beobachtung und verschiedenen Methoden, von der träumenden Person Auskunft zu bekommen. Die Daten, die man erhält, werden dann vor dem Hintergrund dessen, was über Physiologie, Psychologie und den Traumzustand bereits bekannt ist, ausgewertet. Hierbei ist der Träumer nach wie vor der Passive und der Wissenschaftler - durch die wissenschaftlichen Instrumente und Methoden - der Aktive.

Tagträume

Tagträume sind ein allein durch das Bewußtsein vermitteltes "So-tun-als-ob" - die offensichtlichste Form von Phantasievorstellung. Es drängen sich keine unwillkürlichen Prozesse dazwischen, das Unbewußte kommt nicht hoch. Der Tagtraum kann tiefere Zustände des inneren Bilderlebens hervorrufen, wenn man in Träumerei hinübergleitet, die das Unbewußte stimuliert. Für sich allein genommen ist der Tagtraum eine harmlose Kompensation für bewußt empfundene Unzulänglichkeiten, Frustrationen und mangelnde Aufregung. Der Tagtraum ist die grundlegende Wunscherfüllungstechnik in Aktion. Pathologisch wird dieser Zustand nur, wenn er zu einem chronischen und gewohnheitsmäßigen Ersatz für die Wirklichkeit wird, ansonsten ist der Tagtraum ein anregendes und kreatives Ventil.

Der gewöhnliche Tagtraum ist von der Träumerei (*Reverie*) zu unterscheiden, ein der Kreativen Trance nahekommender Prozeß, der tiefer ist und vom kreativen Unbewußten stärker beeinflußt zu sein scheint. Das ist die Art von Tagtraum, bei der man manchmal im Zustand der Entspannung, wenn man sich auf ein bestimmtes Problem konzentriert, eine "blitzartige" Einsicht hat. Therapeutische Wirkung hat er bei normalerweise rigiden, äußerst rationalistischen Menschen, die lernen können, mit Hilfe des Tagtraums ihre Fähigkeit des Bilderns und ihre latente Kreativität anzuregen. Die Kreative Trance arbeitet mit dem Tagtraum als induktiver Technik mit *angeleiteter Symbolisierung*, auf die in Kapitel 8 näher eingegangen werden soll.

Durch Drogen hervorgerufene Zustände

Hierbei handelt es sich um Erlebnisse, bei denen infolge der Einnahme von natürlichen und synthetischen Chemikalien Bilder hervorgerufen werden. Die entstehenden Bilder ähneln denen während des Schlaftraums, wo ein bewußter Bilderfluß spontan hervorquillt. Im Unterschied zum Schlaftraum, wo der Träumer passiver Empfänger ist, und zur Kreativen Trance, wo er aktiv Teilnehmender ist, verändert das Drogenerlebnis das ich-orientierte Bewußtsein. Ähnlich wie beim Schlaftraum ist die betreffende Person in einem reaktiven Zustand, kann aber erst "aufwachen", wenn die Wirkung der Droge abgeklungen ist. Die betroffene Person *hat* das Bilderleben, aber keine Kontrolle und *muß* reagieren. Sie wird zum *Objekt* der

Erfahrung des Bilderlebens, das ihr von dessen Auswirkungen diktiert wird; sie läßt sich entweder mitreißen oder stemmt sich dem Bilderfluß entgegen, was nur zu noch größeren Verzerrungen führt.

Die Abhängigkeit von einem Leiter vergrößert sich noch. Durch Drogen hervorgerufenes Bilderleben als Hilfsmittel zum hauptsächlichen Zweck der Selbsterkenntnis benutzt, kann unter Umständen dazu beitragen, während des “Trips” aktiver und kreativer zu werden, aber ich halte das für die Ausnahme. In dem Fall ähnelt der Trip der Kreativen Trance sehr viel mehr als jedem anderen Zustand, in dem innere Bilder hervorgerufen werden. Das Buch *Phantasiereisen* von Jean Houston und Robert Masters ist ein gutes Beispiel für kreative Arbeit mit Drogen. Ein weiteres Beispiel ist der Prozeß, den der Zauberer der Yaggui-Idianer, Don Juan, benutzt, sowie die kulturell und religiös bestimmten Rituale nord- und südamerikanischer Stämme.

Das Problem bei gewöhnlichen Drogenerlebnissen ist, daß Angst und Rigidität durch die Tiefe des Erlebens noch verstärkt werden können, was das genaue Gegenteil des vorgeblichen Ziels psychedelischer (bewußtseinserweiternder) Praktiken ist. Das mit dieser Erfahrung einhergehende Trauma führt oft zu einer noch verengteren Persönlichkeit. Die Erweiterung des Selbst wird durch die gegen die Intensität der Erfahrung gerichteten Abwehrmechanismen zunichte gemacht. Meiner eigenen Überzeugung nach ist die Fähigkeit, an der Erfahrung des Bilderlebens voll bewußt teilzunehmen, das, was ihr die entwicklungsfördernde und bewußt-seinserweiternde Wirkung gibt.

Psychotische Halluzinationen

Die Halluzination ist ein Zustand des Bilderlebens, der das Bewußtsein dann überflutet, wenn unbewußte Prozesse nicht mehr durch die Abwehrmechanismen vermittelt werden. Wie beim Drogenerlebnis wird man zum Objekt des Bilderlebens. Der psychotische Zusammenbruch ist eine Kompensation für unerträglichen inneren Streß irgendeines Aspekts der Psyche. Die Vorstellungskraft wird überfordert, sie steht nicht mehr im Dienste der diskursiven Fähigkeiten von Vernunft und Intuition. Das ist Wahnsinn, es läßt sich nicht mit der selbstverwirklichten Erfahrung der Erleuchtung vergleichen, weil weder Autonomie noch freie Wahl besteht. Während Erleuchtung das transzendente Ich darstellt, die Verbindung mit kosmischen Kräften und grundlegenden Wirklichkeiten sowie deren Verständnis, handelt es sich bei Wahnsinn um eine kanalisierte Form normalen Bewußtseins.

Bei der kreativen Trance gibt es kurze Wahnsinnsepisoden, die zwischen wenigen Sekunden und bis zu fünf Minuten dauern. Diese Episoden werden als fruchtbare Explosionen betrachtet, die die Ausschaltung psychischer und physischer Barrieren im Energiefluß und erweiterten Bewußtsein erleichtern. Der Prozeß umfaßt aber auch verschiedene Mittel und Wege, die Betroffenen bei der Verarbeitung der Erfahrungen zu unterstützen, die während der vorübergehenden psychotischen Episoden ausgelöst werden. Auslösung und Neuorganisation der latenten Psychose ist Bestandteil der Methode und der Arbeitsziele.

Hypnose und Ekstase

Die Auslösung von inneren Bildern durch hypnotische Bewegung kann durch innere oder äußere Reize bedingt sein. Zur äußeren Stimulierung zählt die Stimme des Hypnotiseurs, das schwingende Pendel, die Konzentration auf ein Objekt - einen Wasserwirbel, Augenkontakt, eine flackernde Kerze etc. Innere Stimulierung wird herbeigeführt durch Tanz, durch Mantrasingen, meditative Konzentration auf Atem, Puls oder Herzschlag. Alles, was synchron und gleichbleibend ist, scheint Rhythmen im Bewußtsein auszulösen, die den Kortikaltonus enthemmen und innere Bilder freisetzen. Wie mit diesen Bildern umgegangen wird, hängt von dem beabsichtigten Ziel der Situation ab, in der sie entstehen. So kann es sein, daß ein Hypnotiseur in einem therapeutischen oder kreativen Kontext Bilder hervorruft, während der Tanz zum Beispiel irgendeinem Ritual dienen könnte, bei dem die Bilder nur eine untergeordnete Rolle spielen.

Im Zen-Buddhismus wird den Meditierenden geraten, die Bilder vorbeiziehen zu lassen, ohne über sie nachzudenken oder ihnen Widerstand entgegenzusetzen, während der tibetanische Mahayana-Buddhismus die Bilder zu einem Teil der Meditation macht, und zwar so weitgehend, daß sie für zukünftige Meditationen auf Leinwand gemalt werden (Tankas). Die Tibeter behaupten sogar, daß die Bilder zu Projektionen solch außergewöhnlicher Intensität und Realität werden können, daß sie wirkliche, selbständige Wesen werden. Diese Projektionen sehen die Leute dann zum Beispiel durch das Dorf laufen, und sie werden als inkarnierte Projektion "von Soundso" bezeichnet. Man nimmt an, daß innere Bilder in einem Zustand entstehen, in dem im Gehirn vorwiegend Theta-Wellen erzeugt werden (siehe Kapitel 5), aber aufgrund meiner Erfahrung gehe ich davon aus, daß in jedem Aktivitätszustand des Gehirns, sowohl im Alpha- als auch im Beta- und Theta-Zustand, Bilder erzeugt werden können und daß das Bewußtsein die Fähigkeit hat, sich auf jeden dieser Zustände einzustimmen. Die Kreative Trance wird als inneres Drama aufgefaßt, das Ritual als sein sozialisiertes Gegenstück.

Einordnung des Bilderlebens

Das Bewußtsein ist voll von allen möglichen Bildern. Was machen sie da, was bedeuten sie, wie sind sie dahin gekommen, welchen Zweck haben sie? Innere Bilder sind ein Phänomen, das dem Menschen nach Bedarf zur Verfügung steht; zu ihrer Erklärung wird der jeweilige kulturelle und individuelle Bezugsrahmen herangezogen. Im Lauf der Geschichte sind innere Bilder verstanden worden als: Voraussagen über die Zukunft, als eine Kommunikationsform der Götter mit den sterblichen Menschen, als Wohnstätte in der Seele für einen anderen Menschen oder für den Teufel oder für Gott, als die Sprache des Unbewußten, die Sprache der Seele, als eine Art Wahnsinn, etwas, was sich von den normalen Regeln des Denkens unterscheidet und sich mit ihnen nicht erklären läßt.

Ähnlich wie bei der Erinnerung weiß man auch von den Bildern nicht, *wie* sie gespeichert, freigesetzt, erzeugt und ausgewählt werden. Über Sinn und Zweck der Bilder kann man nur spekulieren, ebenso wie über die Beziehung zwischen dem Bilderleben und anderen Fähigkeiten. Bedeutung und Interpretation sind im allgemeinen eng mit dem der Untersuchung zugrundeliegenden Zweck verknüpft. Wenn man also zum Beispiel mit den Göttern kommunizieren will, wird man entsprechend an die Bilder herangehen. Will man den Teufel austreiben, wird sich eine andere Bedeutung und ein anderer Prozeß entwickeln, und wenn man mit den inneren Bildern psychotherapeutisch arbeiten will, werden bestimmte Deutungssysteme, Sinnoffenbarungen und Umgehensweisen mit ihnen entstehen.

Die Weltanschauung des Klienten entscheidet darüber, wie man an die Bilder herangeht. Im Rahmen der Psychologie ist es recht wahrscheinlich, daß die Interpretation von Freudianern - Therapeuten wie Klienten - im Sinne der Theorien Freuds ausfallen wird, die Anhänger Jungs sich an die Theorien der Analytischen Psychologie halten werden etc. Der Prozeß der Kreativen Trance arbeitet mit einer willkürlichen Klassifizierung von Bildersymbolen, wobei im Laufe einer Sitzung keine Interpretation der aktuellen Bilder durch den Leiter oder Therapeuten erfolgt. Die Interpretation bleibt dem sich spontan offenbarenden Charakter der Methode überlassen sowie der Bedeutung, die die betreffende Person selbst ihnen gibt, denn sie weiß, wovon sie spricht.

Das gilt nicht nur dann, wenn die Fähigkeit des Bilderns zu diagnostischen Zwecken genutzt wird. Bei einigen Symbolen wird im voraus bestimmt, daß sie psychische Funktionen und Aktivitäten darstellen. Aber es gibt keine Grundlinieninterpretationen, die alle Symbole auf einige vorher festgelegte Kriterien reduzieren, zum Beispiel auf eine sexuelle, eine biochemische, eine spirituelle Bedeutung etc. Es wird davon ausgegangen, daß Bedeutung beziehungs- und kontextabhängig ist. Ich habe versucht, die nachfolgende Kategorisierung des Bilderlebens nach Kategorie und Thema aufzubauen. Diese Kategorisierung hat lediglich den Zweck, die Darstellungs- und Funktionsbreite der Fähigkeit des Bilderns zu veranschaulichen. Ein Systemanalytiker könnte zweifellos eine umfassendere und komplexere Klassifizierung vornehmen. Aber ich hoffe, daß dieses Schema dazu beitragen wird, das Verständnis der in Kapitel 5 erörterten Phänomene und der psychischen Dynamik sowie der in Kapitel 8 besprochenen Methode zu erleichtern.

Kategorisierungsschema

Der innere Kreis -"Das Bild"- stellt den Höhepunkt oder das Endprodukt der Einbringung verschiedener Aspekte des Seins dar. Die Darstellung ist multivariant (aus einer Vielfalt von Variablen und Reizen zusammengesetzt) und wirkt wechselseitig. Der große äußere Kreis stellt die Wechselseitigkeit zwischen Aspekten dar und weist so darauf hin, daß Veränderungen in einem Kreis auch alle anderen Kreise verändern. Die Pfeile veranschaulichen die Wechselseitigkeit zwischen den Aspekten und dem Symbol, der Feedback-Dynamik, und dem nicht-linearen Charakter des Gesamtprozesses. Der Raum in den Kreisen und um sie herum steht für das Energiefeld des Organismus. Das Blatt insgesamt stellt den Lebensraum dar. Die Worte auf dem Papier sind ein schwacher Versuch, die Teile des Prozesses zu benennen. Diese Benennung ist nicht als gleichwertig oder synonym mit der Erfahrung selbst zu verstehen.

Die vier Kreise geben im Bilderfluß vorhandene Elemente wieder. Im folgenden werden diese Elemente aufgegliedert und einige Beispiele angeführt.

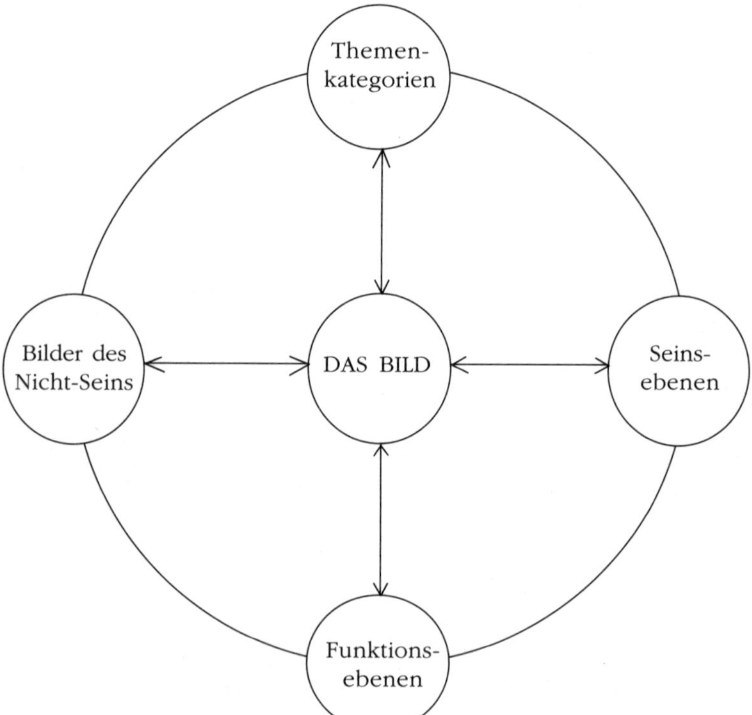

Abb. 2

Seinsebenen

Die Seinsebenen stellen Erfahrungen und Errungenschaften dar, die dem Menschen offenstehen. Die relativ vollständige Aufzählung von Dr. Assagioli deckt sich mit meiner Erfahrung.

Seine Kategorien lauten:	Meine Beispiele:
1. Introversion	Kreise
2. Vertiefung - Abstieg	Unter Wasser, in einer Höhle
3. Erhöhung - Aufstieg	Auf einen Berg hinauf
4. Verbreiterung - Ausdehnung	Breiterwerden eines Flusses
5. Erweckung	Keimen in der Erde
6. Licht - Erleuchtung	Weißes Licht, Auras, Heiligenschein
7. Feuer	Feuer
8. Entwicklung	Öffnung in einer Wand
9. Stärkung	Bezwingen eines Feindes
10.Liebe	Das Herz
11.Weg - Pfad - Pilgerschaft	Ein Pfad, ein Fluß, eine Reise
12.Umwandlung - Sublimierung	Lebloses wird lebendig
13 Wiedergeburt - Regenerierung	Herausschälen aus einem Kokon
14.Befreiung	Ausbrechen aus einer Zelle

Alle genannten Punkte tragen ein transpersonales Potential in sich, d.h. die Möglichkeit, über die Persönlichkeit hinauszuwachsen. Ich möchte noch einige Kategorien auf der Persönlichkeitsebene ergänzen:

Spaltung	Das von zwei Tieren dargestellte Selbst.
Fallen (wie beim Auseinanderfallen)	Von einer Klippe fallen.
Synchronizität	Ereignisse aus Vergangenheit und Gegen-wart fallen zusammen, z.B. man selbst gleich-zeitig als Kind und als Erwachsener.
Synthese	Das Verschwinden einer Wand zwischen zwei Teilen des Körpers.
Abreagieren	Eine Explosion.
Idealisierung	Fliegen

Funktionsebenen

Die Funktionsebenen lassen sich in die Kategorien Physiologie, Psychologie und Energieökonomie unterteilen. Zu den Beispielen in der Kategorie Physiologie zählen Bilder von den inneren Organen, den Nerven, den Muskeln und bestimmten Hauptorganen: Herz, Lunge, Sexualorgane und Gehirn. Oft "sehen" einzelne Klienten den Blutkreislauf und die elektrischen Leitbahnen des Nervensystems.

In der Kategorie Psychologie lassen sich die Bilder nicht so einfach kategorisieren, und die Beispiele haben normalerweise nur in einem bestimmten Kontext Gültigkeit. Die Animus-Anima-Spaltung zwischem dem Männlichen und dem Weiblichen wird im allgemeinen durch zwei verschiedene Tiere oder durch Gegenüberstellung eines belebten und eines leblosen Objekts dargestellt; Verdrängung als zurückgehaltenes Objekt wie ein Seil oder eine verschlossene Tür; Widerstand als rostiges Scharnier oder als Tür, die sich nur halb öffnen läßt; die Abwehrmechanismen als Autoritätsfigur oder ein Elternteil oder ein Wachposten an der Tür. Die Gefühle können zum Beispiel folgendermaßen dargestellt werden: Angst in Gestalt von Ungeheuern, Wut in Form von Feuer oder Vulkanen, Freude in der Gestalt eines tanzenden Kindes oder einer Vision von einem Engel.

DeSoille arbeitet mit sechs psychologischen Standardthemen:

1. Konfrontation mit seinen eher offensichtlichen Eigenarten.	Bei einem Mann ein Schwert. Bei einer Frau ein Gefäß.
2. Konfrontation mit seinen eher unterdrückten Eigenarten.	Bei beiden Geschlechtern Abstieg in die Tiefen des Ozeans.
3. Aussöhnung mit dem gegengeschlechtlichen Elternteil.	Bei einem Mann Abstieg in eine Höhle, wo er eine Zauberin vor-findet. Bei einer Frau Abstieg in eine Höhle, wo sie auf einen Zauberer trifft.
4. Aussöhnung mit dem gleichgeschlechtlichen Elternteil.	Der Mann findet den Zauberer in der Höhle, die Frau eine Zauberin.
5. Aussöhnung mit gesellschaftlichen Zwängen.	Bei beiden Geschlechtern Abstieg in eine Höhle, wo sie auf den sagenumwobenen Drachen stoßen.
6. Aussöhnung mit der ödipalen Situation.	Bei beiden Geschlechtern das Dornröschenschloß in einem Wald.

Die Bilder, die Leuner zur Stimulierung der psychischen Prozesse vorschlägt, haben weniger mythischen Charakter. Ein Vergleich von Leuner und DeSoille ist interessant und verdeutlicht darüber hinaus implizit die Spanne der möglichen Klassifizierungen. (Die kombinierte Kunstgeschichte der Welt könnte eine passende Aufzählung von Beispielen innerer Bilder abgeben.)

Leuner schlägt zehn Situationen unterschiedlicher Intensität und potentieller Wirksamkeit vor (Leuner, 1985)

1. Die Wiese - stellt einen Neuanfang dar bzw. den Garten Eden, den Boden des eigenen Gefühlslebens, die Mutter-Kind-Beziehung.
2. Aufstieg auf einen Berg und Beschreibung der Aussicht - Bezieht sich auf das Gefühl der betreffenden Person, wie sie mit ihrer Lebenssituation fertig wird sowie auf Erfolg im Beruf.
3. An einem Bach entlanglaufen, entweder stromaufwärts bis zur Quelle oder stromabwärts bis zum Meer - Bezieht sich auf den Fluß der psychischen Energie und das Potential zur emotionalen Entwicklung.
4. Das Haus - Das Symbol für den Menschen.
5. Ein enger Verwandter - Bezieht sich auf emotionale Hinweise.
6. Situationen, die sexuelle Gefühlsmuster und Verhaltensmuster hervorrufen - z.B. bei einer Frau eine Fahrt im Auto eines Fremden, bei einem Mann der Rosenbusch.
7. Ein Löwe - Umgang mit Aggressionen.
8. Ein Ich-Ideal - Umgang mit Identitätsproblemen.
9. Situationen, die verdrängte Introjekte symbolisieren - Z.B. dunkle Wälder oder Höhlen.
10. Ein Sumpf am Rand einer Wiese - Umgang mit archaischem Triebmaterial. Die Untersuchung affektbeladener Archetypen und Transformationserfahrungen, die der phylogenetischen Entwicklungslinie im Lauf des Therapieprozesses folgen. Z.B. Symbole wie Schlangen und Fische, die sich schließlich in den Vater oder die Mutter der betreffenden Person verwandeln.

Themenkategorien

Realistische Bilder: Objekte, Personen und Situationen, die für das Alltagsleben, den Wachzustand repräsentativ und der betreffenden Person vertraut sind.

Surrealistische Bilder: Ähnlich wie in der surrealistischen Kunst. Die betreffende Person sieht gewöhnliche Objekte in ungewöhnlicher Zusammenstellung, Dinge, die sich den Regeln der Physik und dem gesunden Menschenverstand widersetzen.
Archaische, animalistische Bilder: Zellen, protoplasmatische Wesen, ausgerottete Tiere, Metamorphosen.
Märchen-, Comic- und Science-Fiction-Bilder: sprechen für sich selbst.
Mythische und archetypische Bilder: Götter, kulturell verwandte archaische Figuren, Hexen, Magier, Engel, Teufel etc.
Nicht-gegenständliche Bilder: Bilder ohne Gestalt, die für Energiekräfte stehen - weißes unspezifisches Licht, Auras, ursprungslose Geräusche, alle mit mystischen Zuständen assoziierte Phänomene. Sie verbinden in der Regel irgendeine Farbe mit Schwingung, sind strukturell unabhängig vom Kontext der Szene. Diese Bilder sind selten, sie beziehen sich auf sehr tiefe innere Gefühle, transpersonale Zustände und starke religiöse Gefühle.

Bilder des Nicht-Seins: Leere, Dunkelheit, Löcher in Objekten, im Raum schwebende Objekte etc.

Diagnostische Bilder

Zusätzlich zu diesen vier Bereichen gibt es Symbole, die besonders effektive diagnostische Werkzeuge darstellen. Aufgrund meiner Erfahrung arbeite ich insbesondere mit zwei Symbolen: Berg und Körper.

Der Berg: Die betreffende Person wird gebeten, sich einen Berg vorzustellen, hinaufzusteigen, die Aussicht zu beschreiben und sich dann vorzustellen, der Berg bestünde aus Schichten, die von oben nach unten erforscht werden. Im allgemeinen beläuft sich die Anzahl der vorgestellten Schichten auf etwa sieben, wobei die innerste Schicht - wenn die betreffende Person so weit kommt - meistens ein nicht-gegenständliches Bild ist wie oben und auf Seite 60 beschrieben. Im Laufe der Untersuchung der Schichten kann es phasenweise zu spontanen Reaktionen kommen; wir wechseln dann von einer diagnostischen zur therapeutischen Form der Auseinandersetzung mit dem Bild. Nach und nach wird der ganze Berg untersucht, innen und außen. Das Äußere des Berges stellt die eigene Weltanschauung sowie die Persönlichkeit dar - das, was die Umwelt sieht. Die inneren Schichten stellen die eigene Innenwelt dar bzw. die introjizierte reale Welt. Nachfolgend wird als Beispiel eine Serie von Bildern bei einer Bergerforschung angeführt. Die Bilder sind hier nur skizzenhaft beschrieben, meine Anmerkungen zur Realitätssitution und Persönlichkeit des Klienten folgen in Klammern. Die Beschreibungen waren ursprünglich komplexer und subtiler und während der Sitzung von emotinalen Reaktionen begleitet.

L.'s Berg:

Der Gipfel
Steil, schneebedeckt und unbewohnbar.
(Es ist schwierig, engen Kontakt zu L. herzustellen; er hat keinen festen Wohnsitz und empfindet das Leben als eine einzige Prüfung.)

Oberste Schicht
Schwarzer Boden, fett, reichhaltig und fruchtbar, dort könnte alles wachsen, aber es gibt keinerlei Vegetation.
(L. ist wohlhabend, sehr kreativ und unabhängig, geht seinen eigenen Weg, aber springt von einem Vorhaben zum nächsten. Er ist ein selbsterklärter "Gauner“ und hat Jahre mit aalglatten Finanzgeschäften zugebracht. Seinen eigenen Worten zufolge ist er einzigartig und schlau.

Zweite Schicht
Sandstein, gelblich-grau, krümelig, trocken, kann kaum die obere Schicht halten.
(L. ist voller Unsicherheit und Angst vor Ablehnung; er kokettiert mit der Gefahr und lebt entsprechend. Seine Haut ist fahl, und er hat unproportional dünne, schwache Beine.)

Dritte Schicht
Felsgestein, Geröll - rund, schwer und fest.
(L. hat unterschwellig einen harten Zug und kann sich für Vorschläge oder Hilfe völlig unempfänglich zeigen. Er mußte seit seiner Kindheit für sich selbst sorgen, vertraut niemandem und kann sich nicht vorstellen, daß irgend jemandem wirklich etwas an ihm liegt. Er hat panische Angst davor, sich verletzlich zu zeigen.)

Vierte Schicht
Flüssige Lava, tiefrot und flüchtig.

(L. explodiert selten, unterdrückt seinen Ärger chronisch und benutzt Besänftigung und Unschlüssigkeit als Vermeidungsverhalten. Wenn er explodiert, dann auf eine sehr distanzierte Art, er tobt mehr, als daß der er wütend ist. Dementsprechend fürchtet er sich vor seiner Unbeständigkeit und sorgt dafür, daß sie unter der Oberfläche, d.h. unter Kontrolle, bleibt.)

Fünfte Schicht
Weiße Glut, erschreckende Kraft - "Ich bin ein flammendes Schwert" - gottähnlich.
(L. ist in vielen Bereichen seines persönlichen und des gesellschaftlichen Lebens impotent; er hungert nach Macht und Kontrolle. Er träumt von Ruhm, großem Erfolg und einzigartigen Leistungen. Aber andere sehen ihn als schwach, und er selbst sagt, daß er Angst im Bauch und Pudding in den Beinen hat. Die Arbeit mit der weißen Glut und den tatsächlichen Gefühlen von Macht und Stärke versetzten ihn in Angst und Schrecken.)

Der Mann, der diese Bilder hatte, empfand die sich selbst offenbarende Diagnose als übereinstimmend mit seiner Lebensgeschichte und seinen aktuellen Problemen. Wenn die Bilder als das genommen werden, was sie sind, und nicht auf psychologische Strukturen reduziert werden, erkennt man die natürliche Erklärung für die Situation im Hier-und-Jetzt und die potentiellen Ressourcen, die für die Situation einen Unterschied machen könnten. Eine kurz gefaßte Erklärung in Bildern, die der Natur entnommen sind, könnte zum Beispiel folgendermaßen lauten: Der Gipfel ist ohne Leben, weil Sandstein und Felsgestein verhindern, daß Energie zur obersten fruchtbaren Bodenschicht durchdringen kann; beide zusammen stellen eine wirksame Barriere gegen die in der Lava enthaltene Wärme und die Nährstoffe dar; sie kann nicht fließen, weil die Kraft der weißen Glut zurückgehalten wird.

Wenn die weiße Glut anfinge, nach oben zu steigen, wäre der Gipfel schließlich grün, fruchtbar und bewachsen. Wenn man vom Organismus ausgeht, ergibt sich das folgende Bild: Die Glut ist Lebensenergie, die Lava ist biochemische, metabolische und blutsynergistische Aktivität, das Geröll stellt die chronisch verspannte Muskulatur und Faszien dar, der Sandstein die peripheren Drüsen und die Haut, die schwarze Erde das limbische System, die Lymphzirkulation, das Gehirn und die damit zusammen-hängenden Organe, der Gipfel das äußere Selbst, die Gliedmaßen und das Verhalten.

Hierbei handelt es sich zwar um sondierende Verallgemeinerungen, aber die Korrelationen ähneln in vielem tatsächlichen Bilderfahrungen. Es besteht ein organischer Zusammenhang zwischen den Bildern, deshalb kann man auch solche direkte Korrelationen als Informationen über die betreffende Person verstehen. Außerdem ist es ein weiterer Grund dafür, warum die Bilderphänomene eine so wirksame Quelle zur Erreichung wirklicher Veränderung darstellen.

Das zweite diagnostische Bild ist *der Körper*. Der Therapeut erklärt, daß der Klient nun seinen Körper von innen erkunden wird, zuerst auf einer allgemeinen "Rundreise", danach sollen einzelne Bereiche genauer betrachtet werden, entweder um offensichtliche Funktionsstörungen zu untersuchen oder einfach, um einen bestimmten Teil von sich selbst besser kennenzulernen. Wie auch bei der Phantasiereise auf den Berg wirkt sich der Grad der spontan hervorgerufenen Gefühle auf die eigentliche Reise aus. In vielen Fällen kommen die Betroffenen beim ersten Mal nicht über den Mund hinaus.

Diese Bildersequenz geht oft einher mit einem raschen Wechsel zwischen Körperbildern, Erinnerungen und machtvollen nichtmenschlichen Bildern. Dazu ein Beispiel: Eine Frau klagte über Orgasmusschwierigkeiten und Schmerzen im Unterleib. Sie begann ihre Reise durch den Körper im Mund, sah dann aber ihre Reproduktionsorgane, die Genitalien und die Eierstöcke. Sofort entdeckte sie einen Kraken, dessen Fangarme ihre gesamten Fortpflanzungsorgane umklammert hielten und so daran hinderten, normal zu funktionieren. Bei der Arbeit mit diesem Bild erinnerte sie sich wieder an Warnungen ihrer Mutter vor der Sexualität. Anschließend kamen haarsträubende Dinge über die Gefahren und die Sündhaftigkeit des Fleisches wieder hoch - frühe Erfahrungen aus ihrer Zeit in einem katholischen Internat. Bei der therapeutischen Arbeit setzte sie sich mit dem Kraken auseinander, der Symbolisierung all dieser verinnerlichten Ängste und der verleugneten orgastischen Lust.

Das folgende ausführliche Beispiel einer Erkundungsreise durch den Körper ist repräsentativ für diese Art der Arbeit. Das Beispiel enthält viele Bilder von Zeit-, Bewegungs- und Affektverschiebungen. Es ist eine Veranschaulichung verschiedener Klassen von Bildern, spontaner physiologischer Reaktionen und emotionaler Affekte. Die Phantasiereise wurde von einem Gruppenmitglied angeleitet, das diese Arbeit zum ersten Mal machte. Da die berichtende Person sich im wesentlichen selbst führte, waren die Erfahrungen spontan und wenig vom Leiter beeinflußt.

Ich versuchte, durch die Nase nach innen zu gehen und hielt mich dann eine ziemliche Weile eng an die anatomischen Einzelheiten. Ich ging durch verschiedene Gänge, die voll mit schleimigem Zeug waren, bis ich an eine Stelle kam, wo an den Wänden ein wunderschönes Geflecht aus Adern war. Tom (mein Anleiter) schlug mir vor, in eine der Adern hineinzugehen - da drinnen war es schwarz und dickflüssig, es war tief im Körper, und ich sah schwarzrotes Blut. Es bewegte sich nicht besonders schnell. Als ich mich in das Blut hineinversetzte, stellte ich fest, daß ich nirgendwo hin wollte. Ich wollte mich nicht bewegen. Dann war da dieser scheibenförmige Stöpsel, der das Blut am Fließen hinderte. Also mußte ich der Stöpsel werden - er war aus rotem Plastik und verhinderte, daß das Blut sich bewegte. Dann wurde ich wieder das Blut und stellte fest, daß es mir nichts ausmachte, daß ich mich nicht bewegte. Es war in Ordnung, irgendwie war ich zufrieden, einfach nur dort zu sein. Dann fing mein restlicher Körper an, dagegen zu protestieren, daß ich einfach nur bewegungslos da lag, und der Stöpsel verwandelte sich in einen kleinen Ball, der vor dem Blut her den Gang hinunterschoß, und das Blut folgte ihm nach unten. Dann sah ich mich wieder in dieser Art Halle mit den Adern, und die Adern wurden alle etwas roter, aktiver und wärmer und quollen auf - dort war es viel schöner.

Von da aus rutschte ich einen anderen Abhang runter und kam an eine Stelle, von wo aus man eine Reihe ziemlich schöner Rohrmündungen sah - wie Blütenblätter, sehr regelmäßig, aber ohne feste Ränder. Fünf oder sechs Röhren, die sich von einem Punkt aus öffneten, wie Blütenblätter. Als ich das sah, bekam ich sehr, sehr große Angst, meine Zehen und meine Hände krampften sich zusammen.

Ich war nicht gerne da. Irgendwas an dem Ort gefiel mir nicht. Auf Toms Vorschlag hin ging ich in meine Zehen, wo es aber sehr ungemütlich war, sehr angespannt und unangenehm. Ich ging also wieder zu dieser anderen Stelle zurück - ich wollte sie mir einfach nur ansehen, sie war so schön, ich wollte gar nichts damit machen, ich sah sie einfach nur gerne an. Aber dann schlug Tom vor, ich solle doch mal in eine der Röhren hineingehen, was ich auch tat. Aber ich hatte unheimliche

Angst, weil es in so einem rasenden Tempo nach unten ging, es ging mir viel zu schnell, ich hatte absolut keine Kontrolle. Ich wollte da nicht sein, es war mir alles zu viel. Meine Atmung wurde sehr flach und unregelmäßig, ich bekam Panik und dachte, ich ersticke. Ich konnte nicht richtig atmen, und ich hatte große Angst, als ich lange Zeit mit einer phantastischen Geschwindigkeit diese Röhre hinunterschoß, endlos, endlos. Dann veränderte es sich langsam - ich stand jetzt still, und die Wände schossen an mir vorbei. Das war viel besser, denn es hat nichts Panikerregendes, wenn man still steht und die Wände an einem vorbeisausen, das ist in Ordnung.

Die Panik hörte also in dem Moment auf, und es ging mir viel besser. Dann war ich nicht mehr die Wand einer Röhre, sondern wurde zur Landschaft und so. Und dann war ich plötzlich in diesem großen See mit der riesigen Kuppel. Ein unterirdischer See, und von irgendwo schien wunderschönes Licht herein, wie eine Art Nordlicht. Licht schien durch, und mir wurde bewußt, daß es unglaublich schön war, und daß die Wände alle schillerten, so als würden sie Licht reflektieren oder so. Das Licht kam von keiner bestimmten Stelle, vielleicht vom Dach, wie Scheinwerfer von einem Dach, wie dieses Nordlicht.

Dann wurde mir bewußt, daß niemand an diesem zentralen Ort war, der irgendwo in der Mitte von mir zu sein schien. Da war niemand sonst, keine Menschenseele, und es fühlte sich sehr, sehr einsam an und irgendwie sehr, sehr nackt. Es gab niemanden, mit dem man es zusammen hätte genießen können, niemanden, mit dem man es hätte teilen können, niemanden außer mir, der es sah. Und dann sehe ich mich plötzlich in einem Boot sitzen und diesen Ort verlassen, ich fahre in diesem Boot durch einen hölzernen Tunnel. Es war ein sehr langes Boot, so lang, daß man weder den Anfang noch das Ende sehen konnte. Es glitt durch diesen gerippten Tunnel, aus dem See heraus und ins Meer. Das Meer war wie aus blauem Licht. Es war dunkel, aber irgendwo war etwas Licht, wie eine dreieckige Form in der Ferne. Es war so, als würde es brennen, aber es war nicht unbedingt heiß. Ich dachte, es könnte ein Vulkan sein oder so; es war strahlend weiß, unglaublich weiß. Das war nicht wie vorher, als ich mir Sachen ausgedacht hatte wie Röhren und so. Ich meine, ich sah dieses weiße Licht wirklich, wie eine Art Halluzination, ich sah wirklich diesen Horizont mit dem weißen dreieckigen Licht darauf. Es war unglaublich schön. Ich wollte es immer nur ansehen. Dann spürte ich plötzlich, daß ich flog und mich dem weißen Licht näherte, das in der Luft schwebte, und ich kam näher und näher an das weiße Licht heran und flog mitten hinein, mitten hinein. Meine Finger kribbelten jetzt total, auch meine Zehen. Ich spürte das Kribbeln, es war absolut phantastisch, es war, als wäre ich high, verstehst du?"

Zum Abschluß dieses Abschnittes über Kategorisierung möchte ich noch einmal betonen, daß dieses Kapitel in zweifacher Weise der Veranschaulichung dienen sollte: a) mit Beispielen für eine mögliche begriffliche Systematisierung der Bilder und b) mit drei Anwendungsbeispielen (DeSoille, Leuner und ich selbst) für Kategorisierung. Klassifizierung ist immer ein willkürlicher Prozeß, und Namen oder Begriffe sagen nichts darüber aus, wie die eigentliche Erfahrung stattfindet. Es liegt in der Verantwortung jedes einzelnen Therapeuten, der phänomenologisch mit dem inneren Bilderleben arbeitet, im unmittelbaren Hier-und-Jetzt der Sitzung ihrem eigenen Bezugsrahmen entsprechende "Namen" zu finden.

Raum- und Zeitfaktoren

Die Zeit und die Bewegung durch den Raum verlieren während des Erlebens der inneren Bilder ihre objektive (äußere) Bedeutung, sowohl im Hinblick auf die Aktivität in der Bilderszene als auch im Hinblick auf die wirkliche Zeit und den wirklichen Raum.

Zeitveränderungen

Chronologisches Alter: Während des Bilderlebens kann man mühelos von einem Alter zum nächsten wechseln und sogar einen Dialog zwischen zwei oder mehr Altersphasen im eigenen Leben führen - d.h. zum Beispiel den Erwachsenen mit dem Baby sprechen lassen. Je nach Gefühlsreaktion kann dieses Hin- und Herpendeln zwischen Altersstufen zu einem der Hauptinstrumente werden, mit denen Therapeut und Klient arbeiten, um irgendeinen Entwicklungsbereich zu diagnostizieren und zu einer Lösung zu kommen, die zwischen den Bedürfnissen des inneren Kindes und des äußeren Erwachsenen vermittelt. Das Kind sagt vielleicht: "Laß mich weinen", während der

Erwachsene (der introjizierte Vater/die introjizierte Mutter) zu erklären versucht, warum Weinen nicht akzeptabel ist. Diese Einrichtung ist besonders nützlich, wenn es um Regressionsstimulierung geht.

Zeitassoziationen

Emotionales Alter und chronologisches Alter korrelieren nicht miteinander. Diese allgemeine Regel gilt auch für spezielle Verhaltensweisen und Entwicklungsphasen. So hat sich zum Beispiel die Einstellung eines Menschen zum anderen Geschlecht vielleicht im emotionalen Alter von vierzehn fixiert, während die Fähigkeit, komplexe Zusammenhänge zu erlernen, sich vielleicht im emotionalen Alter von sieben fixiert hat. Diese Spaltungen tauchen in der diagnostischen Phase des Bilderlebens auf, und man kann sich mit ihnen auseinandersetzen. Um ein Beispiel für diese Spaltung zu geben: Eine Frau sah sich selbst als zwei Tiere dargestellt, einen Bullen und eine Schildkröte. Wie sich herausstellte, stand der Bulle für ihre aggressive, erfolgsorientierte Seite (die Introjektion des Vaters), die Schildkröte dagegen stellte die weichen, weiblichen Aspekte dar. Da der Bulle sehr kraftvoll und die Schildkröte langsam war, hatte der Bulle ihr Leben dominiert. Er war etwa in ihrem sechsten Lebensjahr wichtig geworden und hatte diese Bedeutung bis zum jetzigen Zeitpunkt beibehalten. Die Schildkröte war etwa zwischen dem dritten und neunten Lebensjahr wichtig gewesen. Das Ergebnis der Arbeit mit diesen Bildern war eine Gazelle, die etwa zehn Jahre jünger war als die Klientin, die zu dem Zeitpunkt vierzig Jahre alt war. Es bestand zwar weiterhin eine Diskrepanz zwischen ihrem chronologischen und ihrem emotionalen Alter, aber die innere Spaltung hatte sich verringert, und die Frau konnte jetzt mit der harten Arbeit beginnen, ihr aktuelles Leben und ihr emotionales Leben miteinander in Einklang zu bringen.

Zeitgebundene und zeitfreie Situationen

Die Bilder wechseln und pendeln hin und her zwischen Erinnerungen und Ereignissen, die keinerlei Zeitdimension haben. So kann das Bild zum Beispiel von einem Ereignis, das zehn Jahre zurück liegt zu einer archetypischen oder surrealistischen Szene springen, für die keine Zeitparameter gelten. Ähnlich haben auch mit den physiologischen Funktionen verbundene Bilder keine zeitgebundene Qualität. So kann es sein, daß die betreffende Person sich selbst im Alter von fünf Jahren in einer angstmachenden Situation sieht und spontan (oder manchmal vom Therapeuten geleitet) zu einem Bild springt, in dem sie ihr schlagendes Herz sieht. Die beiden Bilder können nebeneinanderstehen oder abwechselnd auftauchen.

Beschleunigte geistige Prozesse

Das ungehemmte Bewußtsein (verminderter Kortikaltonus) scheint einen Zeitfaktor zu benutzen, der nichts mit objektiver Zeit oder unbewußt subjektiver Zeit zu tun hat. Ich verdanke dieses Konzept *Jean Houston*, die seit langem mit dem Phänomen der beschleunigten geistigen Prozesse arbeitet. Dieses Konzept ermöglicht es, innerhalb weniger Minuten mit psychischem Material konkret zu arbeiten, wozu man sonst Stunden, Tage und Wochen brauchen würde. Zum Beispiel kann ein Mathematiker im Trancezustand in drei bis vier Minuten Rechnungen überprüfen, was ansonsten Tage dauern würde. Ein Dramaturg kann in diesen drei bis vier Minuten der Versenkung verschiedene Szenen und Dialoge ausprobieren, wozu er sonst Tage brauchen würde. Jemand anderes überfliegt ein Buch auf der Suche nach einem bestimmten Abschnitt und findet ihn nach mehreren dreiminütigen Sitzungen. Bei dieser Art beschleunigter geistiger Prozesse handelt es sich um eine erlernte Fähigkeit, die sich durch Übung steigern läßt, so daß die Anzahl der zu einem bestimmten Thema benötigten Sitzungen abnimmt.

Dieses Phänomen trägt viel dazu bei, "Erkenntnisblitze" und "Heureka-Erfahrungen" zu erklären. Man denke an die zahlreichen berühmten Geschichten von Wissenschaftlern, die vergeblich nach der Lösung eines Problems suchen, sich dann hinlegen, ein Bad nehmen, sich an den Kamin setzen und plötzlich - Heureka! - taucht die Lösung spontan auf. Die beschleunigten geistigen Prozesse sind offensichtlich durch den Trancezustand zugänglich. Jean Houstons Forschungen beweisen, daß der einzelne Mensch dazu in der Lage ist. Meine eigenen Erfahrungen auf diesem Gebiet sind äußerst begrenzt, aber die - wenn auch wenigen - Erfolge, auf die ich verweisen kann, sind zahlreich genug, um eine weitere Forschung zu rechtfertigen.

Bewegung

Zusammen mit der Fähigkeit, die innere Zeit und Erinnerung zu manipulieren, haben wir es hier mit einem der besonderen Faktoren zu tun, die die Unverwechselbarkeit und Effektivität der Kreativen Trance ausmachen. Die imaginäre Bewegung im Raum erfolgt auf

Anleitung des Therapeuten oder spontan. (Siehe Beispiel Seite 59und 60) Diese Bewegung findet in der vertikalen Dimension statt, entweder als Aufstieg oder als Abstieg bzw. als horizontale Bewegung entlang eines bestimmten Themas.

Vertikale Bewegung: Aufstieg und Abstieg stellen Verlagerungen weg von dem normalen, auf die Mitte konzentrierten Bewußtsein dar. Mit Aufstieg werden normalerweise Erhabenheit, Erleuchtung, kosmische Erfahrungen assoziiert etc.; er wird durch Berge, religiöse und transpersonale Symbole dargestellt, was alles auf Transzendenz schließen läßt. Abstieg wird durch Erforschung des Unbewußten, des Geheimnisvollen, Verbotenen oder Angsterregenden, des Unterdrückten und des Dunklen symbolisiert. Zu den Abstiegssymbolen gehören zum Beispiel Höhlenerforschung, Unterwassererlebnisse, Vordringen zum Mittelpunkt eines (belebten oder unbelebten) Objektes, einen Weg hinuntergehen, fallende Bilder etc.

Horizontale Bewegung: Diese Bewegung bedeutet eine Verschiebung entlang einer Erfahrungsebene, die normalerweise die gleiche emotive Ladung hat. Eine horizontale Bewegung wird durch Szenen symbolisiert, die zu ebener Erde stattfinden, durch Szenen in derselben emotionalen Altersphase, durch Bewegung in einer vertrauten Situation sowie durch Szenen, die eine Situationsveränderung beinhalten. Die Hauptqualität horizontaler Bilderszenen ist dadurch gekennzeichnet, daß keine Affektveränderung stattzufinden scheint, selbst wenn der ursprüngliche Affekt hoch geladen war. Eine angstbesetzte Szene kann sich dahingehend verändern, daß eine andere angstvolle Konfrontation stattfindet, die sich zwar hinsichtlich der Bilder von der ersten unterscheidet, nicht aber im Hinblick auf die Gefühle.

Sequenzprogression

Eine aufregende Demonstration von Veränderung bei der Arbeit mit dieser Art von Bilderleben erfolgt durch das, was ich Progression nenne.

Die Auswirkung, die die Arbeit mit einer bestimmten Abfolge von Bildern gehabt hat, bleibt bestehen. Nehmen wir zum Beispiel den Berg mit seinen Schichten: Wenn es durch die Intervention schließlich gelungen ist, dort etwas Gras sprießen zu lassen, wo in dem ursprünglichen Bild karger Felsen war, setzt sich dieses Sprießen spontan fort, wenn man das nächste Mal das Bild hochkommen läßt, auch noch Wochen später. Die bildhaften Veränderungen sind zu einem Bestandteil des Erinnerungsspeichers geworden, und ich bin überzeugt, daß auch das bestehen bleibt, wofür die Veränderungen in Wirklichkeit stehen. Ein dramatisches Beispiel hierfür war eine Frau, bei der Herzgeräusche aufgetreten waren. Nach der Arbeit, bei der es unter anderem darum ging, das Herz von einer Plastikschicht zu befreien, nahmen die Geräusche tatsächlich ab. Und dabei blieb es bis mindestens sechs Monate später, als mein Kontakt zu ihr abbrach.

Diese Veränderungen werden natürlich auch von dem beeinflußt, was die betreffende Person sonst noch unternimmt, um Veränderung zu fördern oder ihr entgegenzuwirken. Die psychologische Arbeit muß mit unterstützendem Verhalten einhergehen. Auch eine rückläufige Entwicklung wird in den inneren Bildern deutlich. Zum Beispiel könnte sich Wochen später in einem Bild zeigen, daß die frisch gesprossenen Grasbüschel absterben und der Boden wieder verkarstet. Die Verknüpfungen zwischen Verhalten und bildlichen Veränderungen sind oft sehr offensichtlich.

Kapitel 5

Bilderfluß: Körper-Geist-Dynamik

Einleitung

Der Hauptschwerpunkt dieses Kapitels sind die kombinierten psychophysiologischen Aktivitäten, die den Prozeß der Symbolisierung beherrschen. Auch wenn man in diesem Zusammenhang größtenteils mit Spekulationen arbeitet, kann dieses Material doch als Modell für die Begriffsbildung dienen.

Die Symbolisierung, der bilderformende Prozeß, entspricht einer durch psychosomatische Aktivitäten vermittelten Matrix von Gefühlen, Gedanken und ausgewählten Erinnerungen. Um mit den inneren Bildern zu arbeiten, muß man die Vorstellungskraft, die Abstraktionsfähigkeit, den Willen und die kreative Fähigkeit, zu assoziieren, Erfahrungen zusammenzufassen, anwenden können. Mit anderen Worten: Eine Synthese der Erfahrung ist gefordert. Offensichtlich ist keine einzelne Bildersequenz in der Lage, die Psyche insgesamt ausreichend darzustellen. Aber jede Bildersequenz legt notwendigerweise bestimmte Verhaltensmuster der betroffenen Person offen und verdeutlicht ihre allgemeinen Einstellungen zu den Erfahrungen des Lebens.

Das Bilderleben ist wie eine mit Leben erfüllte, symbolische Landkarte des aktuellen Realitätszustandes eines Menschen, und diese Landkarte läßt sich bei der Suche nach einem vollständigeren Selbst einsetzen.

Symbolisierung ist die Umwandlung des Verlorenen, Verleugneten oder Weggegebenen (Trennung, Verdrängung und Vermeiden/ Leugnen), Die "abwesenden" Teile des Selbst werden mittels *Symbolisierung wiedervereinigt.* Diese Symbolisierung erfolgt auf mehrere Arten: a) durch die Entwicklung visueller Bilder; b) durch energetische Verbindung mit einzelnen Körperteilen; c) in Gedanken- und Verhaltensmustern - bestimmte Sprechweisen, blinde Flecken in der Wahrnehmung, Körpersprache, Nachahmung in Kleidung, Geschmack, Werten etc.

Aus den Mustern von Verlust und Befriedigung wird eine psychologische Gestalt gebildet. Diese Gestalt geht aus den Identifizierungsmustern hervor, die der Säugling mit dem Körper eingeht bzw. aus der ihn umgebenden Umwelt entwickelt. Es ist der Prozeß der Symbolisierung, der es der Gestalt-Bildung ermöglicht, Lebenserfahrung darzustellen. Den kombinierten Prozeß der *Gestalt*-Bildung und der *Symbolisierung* nennt man *Retrojektion*. Diese drei zusammen machen den *Konversionsprozeß* aus. Mit diesem Prozeß arbeitet die Kreative Trance. *Die Dynamik des Konversionsprozesses gehört zu den hauptsächlichen Arbeitsinstrumenten der Kreativen Trance.* (Ich bin Dr. Felix Deutsch dankbar für die Anregung, das Konzept der Konversion, wie er es definiert und erklärt, miteinzubeziehen.) Dr. Deutsch hat Freuds Vorstellung von Konversion, der Umsetzung verdrängter Libido in ein Körpersymptom, das einen Triebkonflikt symbolisiert, zu dem allgemeinen Konzept erweitert:

> ... *daß ständig ein Konversionsprozeß stattfindet, und jede Manifestation dieses Prozesses, die sich in einer veränderten organischen Funktion äußert, ist nur das Konversionssymptom genannte Endergebnis.* (Deutsch)

Die Arbeit mit dem Bilderleben läßt sich als eine Serie von Interaktionen zwischen Körper-Ich und psychischen Ich (sowie dem transzendentalen Ich in Bereichen der transpersonalen und mystischen Erfahrung) darstellen. Aufgrund des Umwandlungsprozesses werden die hervorgerufenen visuellen Bilder zu einer Brücke zwischen dem Bewußten und dem Unbewußten. Durch die Hervorrufung der Bilder wird der Konversionsprozeß wiederangeregt und das "verlorengegangene" Material - versteckt in der Symbolisierungstätigkeit - wiederhergestellt. Der ursprüngliche Grund für die Symbolbildung wird offenbart, wiederzusammengetragen und erinnert. Die Therapie besteht dann darin, das wiederhergestellte Material in einer das Verständnis und die Veränderung fördernden Art und Weise in das Bewußtsein zu integrieren.

Konversion

Physiologie: Was die Kreative Trance in einzigartiger Weise von anderen Richtungen unterscheidet, die mit dem inneren Bilderleben arbeiten, ist die *aktive Einbeziehung des Körpers*. Zur Einbeziehung des Körpers gehört ein systematisches Verständnis der Funktionen des Nervensystems, der inneren Organe, der Muskulatur und des

Sinnes-Wahrnehmungsapparates sowie der Gebrauch dieser Funktionen. In diesem Abschnitt soll der erste Teil dieser Einbeziehung des Körpers erörtert werden. In Kapitel 6 wird dieser Aspekt vor dem Hintergrund der Reichianischen und Neoreichianischen Theorie weiter behandelt werden. Die psychosomatischen Elemente dieser Arbeit ergänzen die phänomenologische Offenlegung der Strukturen, die weiter oben in den Kapiteln 2 und 3 behandelt wurden.

Phänomenologische Selbstbeobachtung befaßt sich mit der Frage, wie es sich anfühlt, ein Körper zu sein oder einen Körper zu haben; wie es sich anfühlt, der Welt durch den Körper zu begegnen; wie der Körper sich mit dem Ich identifiziert; wie es eingerichtet ist, daß der Körper von der ihn umgebenden Welt getrennt ist; was die substantiellen Bestandteile der Charakterentwicklung sind. Wie funktionieren Körper und Geist, und wie gehen sie mit innerer bzw. äußerer Erfahrung um?

Robert Ornsteins und Arthur Deikmans Theorien über die geteilten Hirnhälften liefern Modelle zum Verständnis der Dynamik von Körper und Geist sowie zur Arbeit mit bewußtem und unbewußtem Material. Ornstein zufolge ist die linke Hirnhälfte für lineare, logische, analytische, körperlose Gedankenprozesse zuständig. Der rechten Hirnhälfte dagegen entstammen spielerische, phantasievolle, synthetische, verkörperte, kreative Gedankenprozesse.

Deikman vertritt ein Modell des bimodalen Bewußtseins,[1] das von zwei grundlegenden Funktionsmodalitäten spricht: dem Handlungsmodus und dem rezeptiven Modus. Der Handlungsmodus ist ein auf die Handhabung der Umwelt hinorganisierter Zustand. Die gestreiften Muskeln und das sympathische Nervensystem sind hier die vorherrschenden physiologischen Vermittler (die willkürlichen Prozesse). Es werden vermehrt Beta-Wellen ausgesandt.

Beim rezeptiven Modus handelt es sich um einen Zustand, der eher auf die Aufnahme als auf die Handhabung der Umwelt ausgerichtet ist. Der dominierende Vermittler hier ist das Sinnes-Wahrnehmungssystem, in der Regel sind die parasympathischen Funktionen vorherrschend. Es werden vermehrt Alpha-Wellen ausgesandt.

Die beiden Modi stehen miteinander in Wechselwirkung, so daß eine Verschiebung in dem einen Modus sich auf den anderen auswirkt. So kann zum Beispiel eine Verringerung der Muskelspannung angstmindernd wirken, weil eine Modusverschiebung stattgefunden hat.

In Reichianischen Begriffen ausgedrückt korreliert die parasympathische Funktion mit Ausdehnung und einem vermehrten Lustpotential; die Sympathische dagegen korreliert mit Zusammenziehung und Rückzug von Angst und Schmerz. Beide zusammen machen das Wirken des autonomen Nervensystems aus, das auf alle Impulse und Empfindungen reagiert und durch das Prinzip von Zusammenziehung und Ausdehnung gekennzeichnet ist.

Daneben gibt es das Modell der Gehirnevolution. Das "jüngste" Gehirn, das sich als letztes entwickelt hat, ist der Neo-Kortex, einschließlich Kleinhirn; von hier aus werden das bewußte Verhalten und die willkürlichen Systeme gesteuert. Der Neo-Kortex behindert subkortikale Zustände (primäre Prozesse). Das "alte" Gehirn, das Mittelhirn, vermittelt zwischen autonomem Nervensystem, Haut, inneren Organen und der Hormonaktivität des vaskulären Systems. Das älteste Gehirn, das Stammhirn oder "Fischgehirn", ist der Paläo-Kortex; er ist mit dem limbischen System und den Lymphfunktionen sowie unmittelbar mit der Wirkungsweise des Rückenmarksprozesses des zentralen Nervensystems verbunden. In der chinesischen und der indischen Medizin werden die Rückenmarksprozesse als Teil der paläo-kortikalen Funktionen betrachtet.

Das Kreuzbein am unteren Ende der Wirbelsäule gilt in der östlichen Medizin als der Sitz der Gefühle, und auf diesen Punkt konzentrieren sich die Übungen des Kundalini-Yogas. Das Kreuzbein wird als zentraler Speicher der Lebensenergie betrachtet, als der Kernpunkt, um den herum Geist und Körper sich miteinander verbinden. Ich kann diese Aussage nicht empirisch belegen, aber immer, wenn ich bei der Arbeit mit gelenkten Bildern die Aufmerksamkeit auf das Kreuzbein ausrichte, erfolgt eine ungeheure Steigerung der emotionalen Ladung und eine physiologische Reaktion, was die meisten Menschen als äußerst erregend empfinden, und wenn die Handlung nicht abgebrochen oder vermittelt wird, erfolgt immer ein Abreagieren.

Das nachfolgende Diagramm stellt das Bewußtseinsspektrum dar, wie es im Rahmen von Biofeedback-Systemen gesehen wird. Biofeedback ist ein System, das mit elektronischen Instrumenten arbeitet, die Menschen dahingehend trainieren sollen, ihre unwillkürliche Weiterentwicklung durch eine Kombination aus Konditionierungstechniken und Meditation zu steuern

Unbewußter Bereich	**Bewußter Bereich**
1. Unwillkürliche Prozesse	1. Willkürliche Prozesse
2. Glatte Muskulatur und Drüsen	2. Gestreifte Muskulatur
3. Reagiert auf den "passiven Willen"	3. Reagiert auf "aktiven Willen"
4. Grund	4. Figur

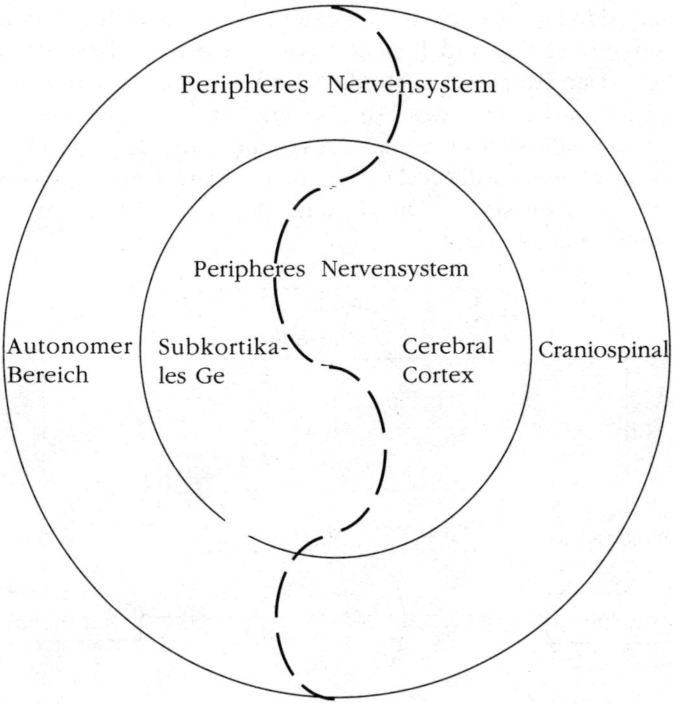

Psychologisches Diagramm, das den bewußten-unbewußten psychologischen Bereich mit den verschiedenen Abschnitten des willkürlichen-unwillkürlichen physiologischen Bereichs verbindet. Die durchgezogene vertikale Linie trennt das zentrale und das periphere Nervensystem in funktionale Unterbereiche. Die gestrichelte Linie (die man sich als in ständiger wellenförmiger Bewegung vorstellen muß) trennt die bewußten und die unbewußten Bereiche. (Green)

Gegenseitigkeit von Funktion und Aktivität

Die nachfolgenden Abbildungen 4 und 5 sind einfache graphische Darstellungen der Nicht-Dualität von Funktion und Verhalten. Die Graphen stellen die intra-psychische Aktivität dar, der Leerraum steht für die durchlässigen, flexiblen, zwischenmenschlichen Aspekte des Verhaltens. Was immer in irgendeinem Bereich Bewegung verursacht, bewirkt auch Veränderungen im ganzen System.

Der Atem ist das Bindeglied zwischen willkürlicher und unwillkürlicher Aktivität, zwischen bewußter und unbewußter Interaktion, zwischen Bewegung und Reaktion sowie zwischen Bewußtsein und Verhalten. Der Atem ist auch das Bindeglied zwischen Selbst und Nicht-Selbst; aufgrund des Atemstroms und der Reaktionen der Sinnesorgane läßt sich unmöglich bestimmen, wo der Mensch anfängt und wo die Umwelt aufhört. Der Orientalist Alan Watts hat das mit den Worten charakterisiert: "Die Innenseite des Universums ist die Außenseite meiner Haut."

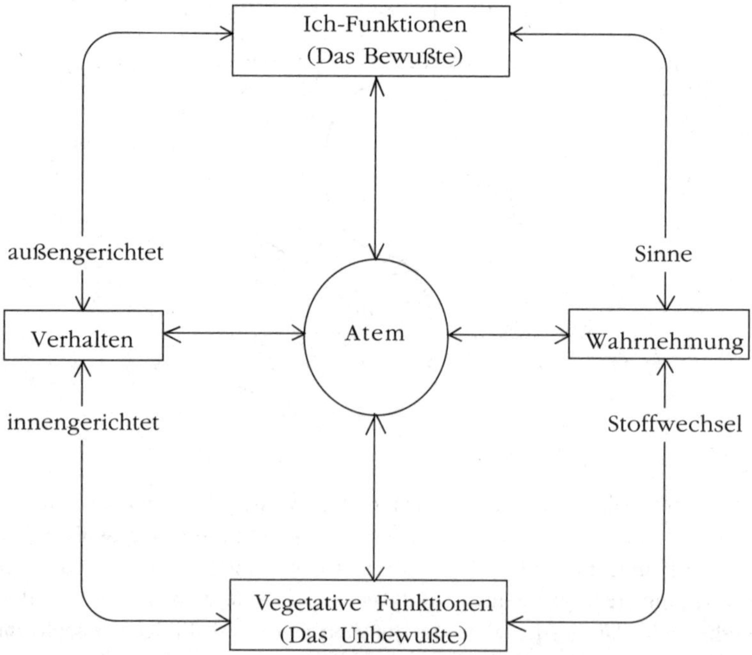

Abb. 4 Die Gegenseitigkeit von Verhaltensfunktionen

Der Atem, der in Kapitel 6 noch ausführlicher behandelt werden soll, wird im Rahmen dieser Ausführungen als Hauptmechanismus zur Aktivierung oder Hemmung des restlichen Organismus betrachtet. Seine Atemmuster, die Auswirkung dieser Muster auf das Verhalten sowie Mittel und Wege, diese Muster zu verändern und zu korregieren, lernt der Mensch ziemlich früh auf dem Wege der Erfahrung. Der Atem steht auch in Wechselwirkung mit den Widerständen und Abwehrmechanismen. Kontrolle der Atmung ist gleichbedeutend mit Kontrolle der Persönlichkeit und der Gefühle.

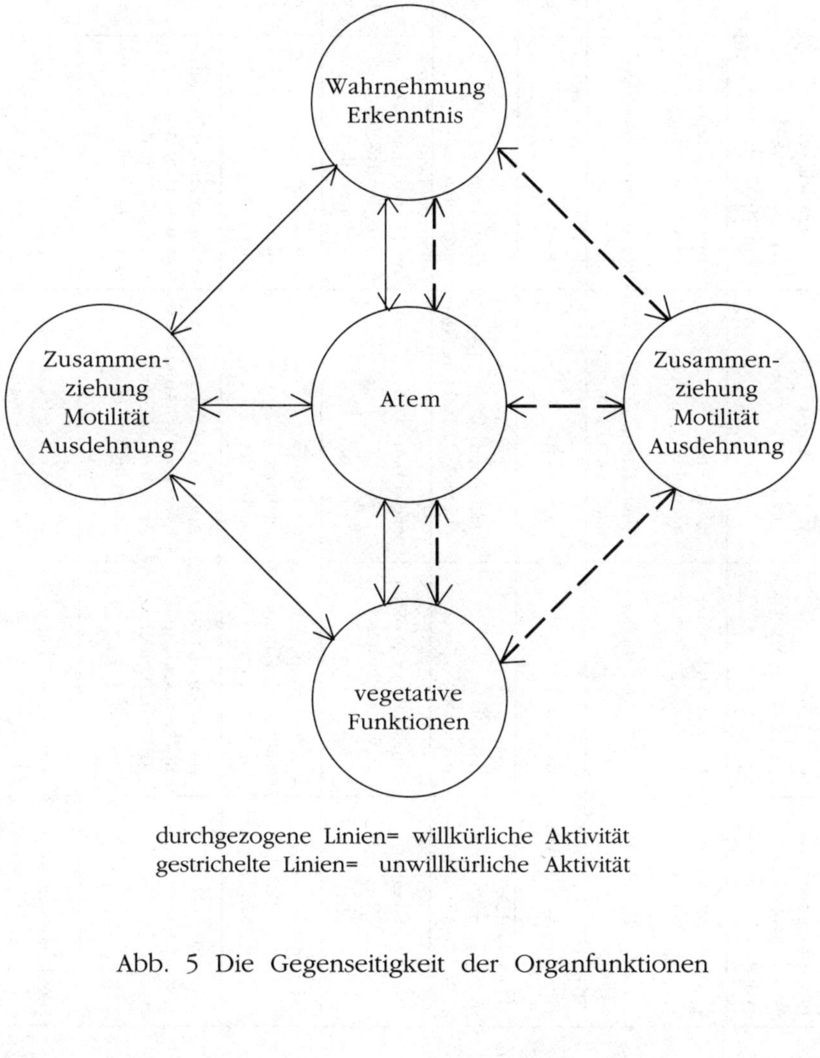

Abb. 5 Die Gegenseitigkeit der Organfunktionen

physiologische Veränderungen in Körpersystemen bei Gefühl	**Wut** Zorn bis Ärger	**Angst** Panik bis Besorgnis	**Traurigkeit** Depression bis Melancholie oder Nostalgie	**Vergnügen** volles Lachen bis Kitzeln	**Ekstase**
kardio-vaskulär: innere Organe	Blutfluß nach unten	nach unten	etwas nach unten	keine Verän. oder nach o.	nach oben
Muskeln	" " oben	nach oben evtl. Schock	keine Veränderung oder nach oben	bleibt gleich	nach oben
Blutdruck	" " oben	ohnmächtig vor Angst oder nach oben bei Sorge	keine Veränderung oder fällt	keine Veränderung oder nach oben	nach oben
Zentrales Nervensystem	nach oben	nach oben	gleich oder etwas nach unten	gleich oder könnte ansteigen und dann in angenehme Entspannung sinken	nach oben
Magen und Darm: Sekretion	nach oben	↑nach oben (an erbrechen gebunden)	nach unten	keine Veränderung	?
Motilität	nach oben	oberer M-D-Trakt (an erbrechen gebunden)	nach unten	keine Veränderung	?
Atmung-: Frequenz	↑um so höher, je näher an Wutäußerung	nach oben	↓entweder tiefes Atmen mit Seufzer oder Ab-↑nahme bei Trägheit	↑ wenig Veränderung oder bei Erregung	nach oben
Tiefe	↑nach oben	nach unten	↑leichter Anstieg	↑ wenig Veränderung	nach oben
urogenital-: Niere	↓Frequenz nimmt ab	unbekannt	unbekannt	unverändert	
Blase	↑zieht sich zusammen	nach oben	nach unten	nach oben	oder nach
Sexualsystem	↑bei Wut u. Aggression	nach unten	nach unten	nach oben	oben
neuromuskulär	nach oben im unteren ↑Rücken, Nacken, Kiefer u. Händen	Kopf u. Gesicht im Extrem ↑ Oberschenkel, Arme, Brust, Zwischenrippenmuskeln. Zwerchfell neigt zur Lähmung	↓nach unten u. ruhig außer ↓oben im Hals, Augen, ↑Wangen, Unterleib u. Zwerchfell	nach unten in ↓ Muskelanspannung	von sehr ↓ bis sehr angespannt ↑
pupillenerweiterung	normal bis kleiner bei Zorn	sehr groß bei Panik bis normal bei Sorge	klein	normal oder etwas größer	?

Das Aufsteigende Retikulare Erregungssystem (ARES)

ARES bezieht sich auf das System, das die retikulare Formation im Gehirn und deren Verbindung zu den Sinnesorganen durch die Leitbahnen im Rückgrat umfaßt. Die retikulare Formation findet im Gehirn selbst statt, ihre Funktion ist es, die Hirnrinde “aufzuwecken”. Wichtig an der retikularen Formation ist, daß sie sich auf das ganze Gehirn auswirkt, nicht nur auf einzelne Elemente. Funktionen des Sinnes- und motorischen Nervensystems werden ebenso beeinflußt, wie Funktionen des autonomen Nervensystems. Ohne die retikulare Formation gäbe es kein funktionierendes Bewußtsein. Die retikulare Formation wird auch durch die Hirnrinde und andere Gehirnfunktionen angeregt. Sie ist daher ein Zentrum der Steuerung von Erregungs- und Resignationsreaktionen. Die retikulare Formation ist heute Teil der Physiologie der Traumforschung und von bilderproduzierenden Prozessen.

Gehirnwellen: Die Forschung, die den eigentlichen Bilderfahrungen am nächsten ist, liegt im Bereich der Gehirnwellen und ihrer Korrelationen mit Gefühlszuständen, Träumen, Meditation und Drogenerfahrung. Drei Arten von Wellen gibt es: die Alpha-Wellen, die durch Stimmungen des Wohlbefindens, der Entspannung, des Freisetzens von Erinnerungen und visueller Bilder gekennzeichnet sind; die Beta-Wellen, die besorgte, wütende, liebevolle Stimmungen kennzeichnen; die Theta-Wellen, die bei Stimmungen auftreten, die von Unsicherheit, Tagträumen, Auseinandersetzung mit Problemen, Plänen etc. gekennzeichnet sind. Der Alpha-Zustand ist der Zustand, der bei Hypnose, bei tiefer Entspannung erreicht wird und der mit einem hohen Visualisierungsgrad einhergeht.

Physiologisch; Kortikalspannung liegt in der Mitte zwischen Wachheit und Schlafzustand; Stoffwechsel, Atmung und Muskelspannung sind vermindert.

Die REM-Aktivität ist die letzte im Zusammenhang mit Visualisierungsprozessen zu erwähnende physiologische Aktivität. Die REM-Aktivität (*Rapid Eye Movement* - schnelle Augenbewegung) ist eine physiologische Reaktion, die während des Träumens feststellbar ist. In tieferen Schlafphasen tritt sie nicht auf. Ullman definiert den REM-Zustand als *"...eine Zeit, in der das schlafende Gehirn dem wachen Gehirn im Hinblick auf den Grad der elektrischen und physiologischen Erregung am meisten ähnelt."*

Wahrscheinlich besteht ein gewisser Zusammenhang zwischen REM-Aktivität und retikularer Formation. Diese These wird jedoch in der von mir einbezogenen Literatur nicht vertreten.

Ich selbst habe nicht versucht, die REM-Aktivität experimentell zu untersuchen, aber sie tritt mit steter Regelmäßigkeit im Verlauf der Kreativen Trance auf, und das nicht nur in Phasen tiefer Entspannung. Wie weiter unten noch ausführlicher dargestellt werden soll, ist der Visualisierungsprozeß meiner Erfahrung nach nicht auf tiefe Entspannungszustände begrenzt, sondern geht mit allen Zuständen wacher Erregung einher.

Zusammenfassung

Ich habe versucht darzustellen, daß psychische Faktoren und Verhalten so unauflösbar miteinander verknüpft sind, daß es sich bei der Vorstellung von "Geist" oder "Körper" um ein Sprach- und Denkproblem handelt und nicht um eine tatsächliche Unterteilung hinsichtlich psychologischer und physiologischer Fragen. Die physiologischen Beispiele waren für die aktuelle Forschung im Verhaltensbereich relevant, lassen aber die der physiologischen Aktivität zugrundeliegenden biologischen und biochemischen Faktoren gänzlich unberührt. Die Verbindung zwischen Primärebenen und dem Höhepunkt der Energietransformationsprozesse im Verhalten ist die Verbindung zwischen "Geist" und "Körper".

Konversion

Psychologie:

"Ich hatte die Phantasie, ich befände mich in einem Ei, das von einem riesigen Stiefel zertreten zu werden drohte. ... Mein Vater hatte diesen Stiefel an. ... Ich hatte die Wahl, mich entweder zu wehren und ihm weh zu tun oder mir von ihm weh tun zu lassen. ... Du hast mich dann angeleitet, in meinen Körper zu gehen: Ich entdeckte ein Fläschchen mit sprudelnder Flüssigkeit in meinem Rücken. ... Ich rieb die Flüssigkeit auf meinen Rücken, aber nichts geschah. H.B. gesellte sich zu mir und schlug vor, ich solle die Flüssigkeit doch trinken, was ich dann auch tat. Das war der Schlüssel zum Ganzen - ich fühlte mich befreit, schlug ein Rad, hüpfte wie wild auf und ab und spürte enorm viel Energie. ...

Dann machte ich einen Ringkampf mit H., wobei ich mit so starken sadistischen Gefühlen in Kontakt kam wie nie zuvor. Ich hatte das Gefühl, ich bin der Stiefel, der Howard zertreten will."

Das war ein Bericht eines Gruppenteilnehmers. Er demonstriert, wie der Prozeß der Konversion funktioniert und durch den Gebrauch der Bilder, von Körpertechniken und der bewußten Beteiligung am Bilderleben bewußt gemacht wird. Das Fläschchen mit Flüssigkeit existierte natürlich nur in der Vorstellung - trotzdem setzte es die berichtete spontane Energie und die Gefühle frei. Das Fläschchen wurde am Kreuzbein gefunden.

Wie bereits im Kapitel 5 erwähnt (Seite 70), hat Dr. Deutsch Konversion als einen organischen natürlichen Prozeß definiert, der nur dann zu pathologischen Symptomen führt, wenn er durch irgendeine psychosomatische Störung fixiert wird. Dr. Deutsch dehnt den Begriff der Konversion so weit aus, daß er die gesamte Wechselwirkung zwischen psychischen Prozessen und physischen Darstellungen mit einbezieht. Wie wir noch sehen werden, ähnelt dies Reichs Postulat von der funktionalen Identität zwischen Psyche und Soma. Beide Männer betonen, daß es sich hier nicht um eine psycho-physische Parallele, sondern um eine gemeinsame Identität handelt.

Sein Begriff "Retrojektion" weist auf die Wiederherstellung dieser psycho-physischen Konfiguration im Anschluß an spätere Erfahrungen des Objektverlustes, wenn die Integrität des Ichs durch die Reintegration des verlorenen Objektes in Phantasievorstellungen, Körpersymptomen oder psychopathologischen Veränderungen wiederhergestellt wird, manchmal in pathologischer Form. (Deutsch)

Um zu dem Beispiel oben zur Konversionstheorie zurückzukehren: Der Konflikt zwischen verletzen und verletzt werden wurde auf starke Rückenschmerzen übertragen. Somatisch gesehen symbolisierte der untere Rücken den Konflikt, während die Bilder das visuelle Symptom des Konfliktes darstellten. Die "Kooperation" zwischen Bild und Rückenmuskulatur mittels der Rückgratprozesse (Kreuzbeinflüssigkeit) führte zur Freisetzung von Gefühlen und Energie, zur Wiederbewußtmachung des vorher unterdrückten Konflikts und zu der spontanen Fähigkeit, aus diesem regenerierten

Zustand heraus zu handeln (der Ringkampf). Der theoretische Punkt, auf den es hier ankommt, ist, daß der Konversionsprozeß normalerweise unbewußt arbeitet und dann pathologisch wird, wenn genügend traumatisches Material vorliegt, um das normale Verhalten zu stören. Ähnlich wie die Konversion ist auch die Symbolisierung als Prozeß nicht pathologisch, sondern trägt die Möglichkeit zur Symptombildung bei übermäßigem Streß in sich. Ansonsten kann man davon ausgehen, daß es sich sowohl bei der somatischen Symbolisierung als auch bei der visuellen Symbolisierung um eine kontinuierliche Aktivität handelt, die selten bewußt erlebt wird.

Konversion findet zu allererst statt aufgrund von Stimulierung durch Faktoren in der äußeren Umwelt des Kleinkindes, später kommt dann Stimulierung durch Faktoren aus der Innenwelt dazu (wenn Soma- und Charakterentwicklung komplexer werden). *Die Kreative Trance kehrt das Prinzip der Konversion um: Mit Hilfe der somatischen, visuellen und Verhaltenssymbolisierungen werden Situationen hevorgerufen, durch die die Symbolisierungen überhaupt erst verursacht werden.*

Ähnlich wie in der homöopathischen Medizin, wo die Krankheit mit einer winzigkleinen Dosis des die Krankheit verursachenden Erregers behandelt wird, wirft die Kreative Trance Licht auf das Un-Wohlsein. Die Krankheit steht stellvertretend für die symbolisierten Funktionsstörungssymptome. Die Krankheit ist das Trauma; die "Heilung" besteht in der Wiederherstellung des Traumas durch die Kreative Trance. Was der Geist geschaffen hat, kann er auch wieder auflösen.

Konversionsbeispiele aus einer Workshopsitzung

Dieses Beispiel veranschaulicht, wie der Prozeß der Konversion wirkt. Es ist jedoch nur zum Teil repräsentativ, weil der Prozeß der Auflösung nicht mit einbezogen ist. Bei demselben Klienten traten später erneut ähnliche Erfahrungen wie beim Bilderleben auf, als er eine entspannende Tiefenmassage bekam. Seine Erfahrungen sind auch im Hinblick auf die Bilderdynamik interessant: Es lassen sich Beispiele für Metamorphose, ontogenetische Implikationen, frühkindliche Erfahrungen und archetypische Untertöne feststellen. Seine Erfahrungen waren zurückzuführen auf den einen Vorschlag, eine bestimmte Art von Bauchschmerzen, unter denen er litt, zu untersuchen, indem er “nachsah”, was in seinem Bauch vor sich ging. Der Bericht ist ein Gedächtnisprotokoll.

Bericht des Ich-Erzählers	**Meine Anmerkungen**
Ging in meinen Bauch. Beim ersten Eintauchen zwei Bilder, beide eher unscharf: ein älterer Mann im Sitzen, Seitenprofil; das zweite Bild zeigte meine Mutter, etwa in ihrem heutigen Alter.	Beginn der Körpererforschung
Begann dann eine systematische Reise in meinen Bauch, vom Mund aus nach unten. In meinem Bauch sah ich überraschenderweise ein klares, blaues Meer in der Seitenansicht. Ich war im Wasser, etwa drei Meter unter der Oberfläche. Das Wasser war sehr klar und durchsichtig, leicht gefärbt, unter mir der gewellte Sandboden, der sehr bald steil zum Land anstieg. Ich war also nahe am Land, aber das Meer- und Wassermotiv war sehr domiminierend.	Abstieg ins Unbewußte
Ich erinnerte mich, daß ich eigentlich in meinen Magen sein sollte, aber er war zu einem hellbraunen, magenförmigen Ding geworden, das einfach Teil des Meeres war - wie ein Rugby-Ball auf einem Spielfeld.	Retrojektion
Als nächstes erinnere ich mich, daß ich anfing, den Bereich außerhalb der Sandbank zu erforschen, wo ich angefangen hatte. Dazu mußte ich mich nach links	Anzeichen für tiefer werdende Atmung.

bewegen. Rasch zunehmende Tiefe, eine tiefblaue Umgebung. Auf dem Meeresgrund bedrohlich aussehende dunkle Gewächse mit anderthalb bis sechs Meter langen Tentakeln, die oben spitz zuliefen, flach geformt waren und sich leicht hin und her bewegten. Ich glitt zwischen diesen Tentakeln hindurch, überrascht von ihren angenehm zarten Berührungen, nachdem ich erwartet hatte, daß sie mich angreifen und würgen würden. Allmählich wurde ich in größere Tiefen getragen. Die Tentakel waren weich und glatt.

Abspaltung/mögliche Projektion auf verinnerlichte Muster.

Es ging immer noch tiefer hinab. Anfangs betrug das Gefälle etwa 45 Prozent, aber ein noch stärkeres Gefälle zeichnete sich ab. (An dem Punkt schlugst du (Jay) vor, ich solle mir in den Tentakeln eine sichere Zuflucht schaffen, wohin ich mich notfalls zurückziehen könne; ich war über diese "zweite Phase" nicht besonders glücklich und hätte einen Zufluchtsort in der Anfangsphase vorgezogen.)

Anerkennung des Bedürfnisses nach Abwehrmechanismen.

Die nächsten Szenen spielen sich sehr schnell ab. Der hinter den Tentakeln liegende Bereich fällt in Form eines Vs scharf ab. Bei diesem V handelt es sich um einen Strudel; ich sehe ihn von der Seite; dem Anschein nach ist er mehr Bewegung als Wasser.

Beginn der unwillkürlichen Aktivität, die im Abreagieren gipfelt. Tiefes sporadisches Atmen, Rötung der Haut, Zittern in Bauch, Brust, Lippen, außerdem REM-Aktivität.

Jetzt schaue ich in den Strudel hinein - in einen unendlich tiefen Schacht. Ich befinde mich oben, am breiteren horizontalen Ende des Strudels, werde in einem großen Kreis mit der Bewegung heruntergewirbelt. Es geht langsam nach unten, der Kreis wird kleiner, die Bewegung schneller. Ich werde leicht im Kreis geschleudert.

Konversion verstärkt sich.

Sehr andere, verstärkte Reaktion auf unwillkürliche Prozesse.

In diesem Stadium wird der Schacht zu reiner Energie. Er ist sehr lang, klar und kraftvoll. Wo bin ich? Tief unten gegen Ende des Schachts - ein winzigkleines Partikelchen entmaterialisierter Energie.

Archetypische Symbolisierung ontogenetischer Erinnerungen?

Als nächstes erinnere ich mich, daß ich mich in dem Schacht befinde, wieder in körperlicher Gestalt, aber umgeben von einem Zylinder aus Stahl, aus glänzend silberweißem Stahl; ein vielleicht beschützendes, aber leicht unangenehmes Gefühl des Eingehülltseins. Das Verlangen, aus dem Strudel auszubrechen, kommt auf. Ich bin dann außerhalb des Schacht-Strudels, breche ihn mit einer Art dickem Stock auf - eine leichte, schwache Befriedigung. Aber durch das Aufbrechen sind im Meer zahlreiche ähnliche, kleinere, aber vitale Formen entstanden.

Konversion: Panzerung (Anspannung gegen die hochkommenden Gefühle).

Würgende Abwehrreaktionen, Sprechen erschwert.

(Erinnern wird langweilig - bekam ein ähnlich großes Verlangen, das ganze Erlebnis zu beenden.)	Widerstände nehmen zu, damit einhergehend der Konflikt, der sich in somatischen Reaktionen äußert.
Habe versucht, diese kleineren Formen anzugreifen, dann beschlossen, aufzutauchen, wurde aber durch irgendein Isolierungsmaterial an der Oberfläche	Würgen - husten.
des Meeres daran gehindert. Habe es irgendwie geschafft durchzukommen. Von oben betrachtet scheint die Meeresoberfläche aus treiben-dem Material zu bestehen, wie getrocknete Lava, eta 30-60 cm dick. Ich beschließe, über diese Lavafläche ans Land zu laufen. Dann macht die Lava wieder dem Meer Platz, und ich schwimme. Kurz darauf werde ich von den in meiner Nähe	Abreagieren.
treibenden Lavastücken auf Halshöhe eingekeilt. Auf deinen Vorschlag hin versuche ich, sie zurückzudrücken und mich zu befreien. Das gelingt mir relativ leicht, aber sobald ich aufhöre, sie mit meinen Händen zurück-	Fragmentierung behauptet sich: Wiederherstellung der Panzerung.
zudrängen, legen sie sich sofort wieder um meinen Hals.	Panik, angespannte Stimme, unterdrückte Atmung.
Bin dann in die Alltagsrealität zurückgekehrt. Ende der Sitzung.	Zittern, schnelle Atmung, Anzeichen von Angst und Unruhe.

Faktoren bei der Tiefe des Bilderlebens

Mit Tiefe meine ich den Charakter der Situationen, die sich durch die Bilder offenbaren sowie die damit einhergehende Gefühlsintensität. Parallel zur Arbeit mit den inneren Bildern, den psychischen Faktoren und der tatsächlichen Geschichte setzt man sich unmittelbar mit dem Energiezustand der betreffenden Person auseinander. Auf die Besonderheiten von Theorie und Praxis wird in dem nachfolgenden Kapitel 6 näher eingegangen. Hier möchte ich ein hypothetisches konzeptuelles Energiemodell vorstellen. Die Schichten der Energieäußerung im Modell decken sich mit vielen Bilderfahrungen (d.h. dem letzten Beispiel oben).

Energie- und Funktionsebenen

Lebensenergie wird hier verstanden als die Individuation und die spontane Entwicklung fördernd. Die Energieäußerung dient bestimmten organischen Zwecken, nämlich:

1. Ätherische Ebene: undifferenzierte Energie, nicht manifest, der organische Ursprung aller Manifestation;
2. Biochemische Ebene: Formmanifestation durch eine Kombination aus elektromagnetischen und chemischen Komplexen;
3. Individuationsebene: die Bildung belebter Form - lebendiger Materie - die Entwicklung von Protoplasma, Zellbildung, Evolution und Phylogenie der Speziesindividuation;
4. Ontogenese: Entwicklung der individuellen Organismen. (Entstehung der Rückenmarksprozesse und des limbischen Kortex - Fischgehirn.)
5. Psychische Ebene: Charakterbildung, Persönlichkeitsentwicklung und zwischenmenschliches Verhalten. (Entstehung der frühen kortikalen Aktivität);
6. Fortgeschrittene Bewußtseinsebene: Homo sapiens mit der Fähigkeit zur Abstraktion, zu Werturteilen, zur Transzendenz entwikkelt sich. (Entstehung des Neokortex und der Sprache.)
7. Transzendentales Bewußtsein: Bewußtseinserweiternde Grenzerfahrungen, Integration von Körper und Geist, mystisches Verständnis, Satori.

Die Entwicklungs- und Funktionsfaktoren auf dieser Ebene sind in der Lage zu vermitteln - einerseits in Richtung Verdrängung und blockiertem Wachstum oder andererseits in Richtung Ausdehnung und fortlaufendem Wachstum. Die verdrängten Aspekte des Selbst wirken sich auf den Gesamtorganismus aus. Die blockierte Energie ist lebensfeindlich, destruktiv, todesorientiert.

Alles, was den Fluß der biophysischen Energie behindert, sei es physischen, psychischen oder sozialen Ursprungs, stellt eine Barriere oder Blockade für lebensbejahendes Verhalten dar. Diese Barrieren werden als Angst, Frustration und schließlich Leblosigkeit erlebt. Das Fühlen wird auf Nicht-Sein reduziert. Die Barrieren werden im allgemeinen als Schutz vor Lust und Freiheit errichtet bzw. vor dem, wovor man sich fürchtet, was für irrational gehalten wird, was vermeintlich die rationale Ordnung stören könnte (alles durch und durch subjektive Kriterien, die von der Gesellschaft zu objektiven Normen erhoben werden). Der blockierte Mensch wird eingeschränkt, behindert, zurückgehalten; er wird "zwanghaft" und ist eher bestimmt als bestimmend.

Die *Persona* ist der letztendliche Ausgleich der Beziehung zwischen dem Lebendigen, Bejahten und dem Sterbenden und Verneinten. Der Prozeß der kreativen Trance versucht, diese Barrieren zu erkennen, zu verstehen und zu verwandeln, so daß die gefangene Energie im Dienste der lebensbejahenden Aktivität freigesetzt werden kann. Mit Hilfe des kombinierten Einsatzes von energiemobilisierenden Prozessen und der Arbeit mit Visualisierung und Symbolisierung werden die Barrieren festgestellt und ihr Sinn und Zweck verstanden . Die Energiemobilisierung wird in Kapitel 6 erläutert. Die begrifflichen Grundlagen für die Symbolisierungsarbeit habe ich in diesem Kapitel erörtert. Die Tiefe der Symbolisierung hängt mit der Energiedynamik zusammen.

Im Hinblick auf die Konversionsaktivität hat das Bilderleben *drei Aspekte*: a) *Symbolisierungsaktivität* - das Bilderleben selbst; b) *somatische Aktivität* - die beobachtbaren willkürlichen und unwillkürlichen somatischen Reaktionen: Veränderungen in Atmung, Haltung, Bewegung; Veränderungen der Temperatur, Hautfärbung, Stimmausdruck; Veränderungen der (von der betreffenden Person berichteten) inneren Körperempfindungen im Hinblick auf Merkmale wie Spannungs- und Entspannungsaktivität, kalte Stellen, Hitzewellen, lokaler Schmerz, Druck, Strömungen (Energiefluß) etc.; c) *Verhaltensaktivität* - Vorsätzlichkeit, emotionale Reaktion, zielgerichtete

Entscheidungen, Verschiebungen im Aufmerksamkeitsgrad (sei es auf das Bilderleben, auf den Körper oder den psychischen Kontext; kann vom Klienten oder vom Leiter gelenkt werden).

Durch die Aufmerksamkeitsverschiebungen nimmt die Tiefe zu. Der Leiter kann den Klienten zum Beispiel bitten, das Bild im Körper zu lokalisieren: "Wo in Ihrem Körper sehen oder spüren Sie den Stein?" Oder umgekehrt: "Was wird aus dem Schmerz in Ihrem Bein in dem Bild?" Kurz gesagt, *eine bewußt wahrgenommene Körperempfindung kann ergänzende Bilder hervorrufen. Ein Bild kann sich im Körper an einer bestimmten Stelle niederschlagen und eine körperliche Reaktion* hervorrufen. Diese Verbindung löst normalerweise entsprechende Erinnerungen aus. Diese Erinnerungen lassen sich innerhalb des Bilderlebens benutzen oder aber im Körper lokalisieren. Zum Beispiel: "Ich erinnere mich an die kalten Augen meines Vaters." Leiter: "Suchen Sie diese Augen in Ihrem Körper." "Ich sehe sie in meinem Bauch, in meinem Magen."

Mit Hilfe der Phantasie, mit Gestalt-Arbeit, mit Techniken zur Energiemobilisierung kann der Therapeut gegebenenfalls diese Übertragungsmodalitäten weiterverfolgen, Barrieren feststellen und sich mit ihnen auseinandersetzen sowie die Entladung der Gefühls- und Ausdrucksblockaden erleichtern. Die Annahme, daß der Konversionsprozeß ständig aktiv ist, ermöglicht es dem Therapeuten bei großer Sensibilität und angemessenen Techniken, gemeinsam mit dem Klienten den Konversionsmechanismus anzuwenden und so in hohem Maße Kontrolle über die Tiefe der Erfahrung zu erlangen. Für den Klienten verschiebt sich die Situation sehr leicht: mal *ist* er der Subjektbeobachter, mal *ist* er das Objekt, dann wieder befindet er sich in einem Zustand der Subjekt-Objekt-Interaktion, und manchmal *transzendiert* er auch die Subjekt-Objekt-Spaltung (wenn es zu unwillkürlichen Reaktionen oder zum Abreagieren kommt oder Grenzerfahrungen auftreten).

Erregungsebenen

Die meisten praktizierenden Therapeuten, die mit geistigen Bildern arbeiten, schlagen vor, daß der Klient versucht, einen Zustand der inneren Ruhe und Entspannung zu erreichen. Dabei geht man davon aus, daß dieser Zustand für die Erzeugung innerer Bilder und für eine therapeutische Intervention am besten ist. So allgemein kann ich das nicht bestätigen, ich halte diesen Zustand vielmehr für einen von mehreren möglichen fruchtbaren Aktivitätszuständen. Die inneren Bilder können auf jedem Aktivitätsniveau auftreten, angefangen von tiefer Entspannung bis zu extremer innerer Unruhe. Sie treten in der Einzeltherapie ebenso auf wie in einer Gruppe. Sie sind auf Anfrage abrufbar, selbst inmitten einer erhitzten Konfrontation zwischen zwei Menschen. Als Gruppenleiter kann ich im geeigneten Moment einen Teilnehmer, der sich emotional erregt, einfach stoppen, ihn bitten, die Augen zu schließen und mir zu sagen, was er sieht. Es treten unweigerlich Bilder auf, die im Zusammenhang mit dem stehen, was gerade passiert ist.

Ich halte die Regel, innere Ruhe herzustellen, für eine unrealistische Manipulation, die manchmal passend, manchmal aber auch absolut unpassend ist. Die Bilder, die in dem jeweiligen Augenblick spontan auftreten, vermitteln ein zutreffenderes Bild der Psyche, da sie dann in einem bestimmten Kontext auftreten. Wenn ein extrem angespannter Mensch seine Bilder zum Beispiel in dem für ihn normalen Spannungszustand hervorrufen kann, tragen diese Bilder sehr viel zur diagnostischen Phase der Sitzungen bei. Wenn ein Klient dagegen resigniert, phlegmatisch und anscheinend ohne Spannung ist, gilt das gleiche. Das Hervorrufen von Bildern in dem für den Betreffenden normalen Seinszustand offenbart, wie das Unbewußte die Spannung kompensiert und mit ihr umgeht; darüber hinaus erleichtert es die Identifizierung der ursprünglichen Gründe für den Zustand der Energiemobilisierung. So kann zum Beipiel ein zu extremer Anspannung neigender Mensch sich kaleidoskopartige, chaotische Bilder sehen; er schafft es vielleicht nicht, sich auf ein Muster oder einzelnes Objekt zu konzentrieren. In Verbindung mit anderen Faktoren kann dieses Kaleidoskop sehr viel über die fehlangepaßten Verhaltensmuster aussagen, die dieser Mensch entwickelt hat, um mit seinem inneren Chaos zu leben. Im entspannten Zustand hätte weder der Betreffende selbst noch der Therapeut von dem kaleidoskopartigen Chaos erfahren.

Spannung ist die pathologische Äußerung psychischer Probleme, die als Verhaltensstörungen oder psychosomatische Schwierigkeiten auftreten. Durch Widerstände wird die Spannung aufrecht erhalten. Die Abwehrmechanismen gleichen die Situation aus und überdecken sie. Die inneren Bilder können diese Verhaltensmuster aufdecken, und die Technik bedient sich der Manipulation der Energiemobilisierungsebenen. Zusammenfassend lassen sich drei Stufen von Energiezuständen feststellen:

1. Ruhige, oberflächliche Entspannung. - In diesem Zustand reagiert der Klient normalerweise passiv auf die Bilder. Er beobachtet, wie sich die Geschichte entfaltet, ist nur minimal beteiligt.
2. Ein Zustand tiefer Entspannung, der durch besondere Übungen, durch meditative Aktivitäten, durch irgendeine Form der Vorbereitung auf das Hervorrufen der Bilder erreicht wird. Das Bildererleben ist normalerweise mit einer spontanen emotionalen Beteiligung verbunden.
3. Ein stark mobilisierter, erregter Zustand, der manchmal unwillkürliche Bewegungen mit einschließt und dem Hervorrufen der Bilder vorausgeht. Die Reaktion auf das Bilderleben ist spontan und äußerst konzentriert.

Körperliche Veränderungen und Empfindungen, die in einem dieser Zustände erfolgen, bestimmen Richtung, Tiefe und den psychologischen Inhalt der Symbolisierungen. Es ist wahrscheinlich, daß zwischen diesen drei Zuständen abgewechselt wird, unter Umständen auch innerhalb einer Sitzung. Die Erregungsverschiebungen können integrierte, angemessene Reaktionen darstellen oder aber durch das Auftauchen von Widerständen und Abwehrmustern verursachte Pseudoaktivitäten sein. Zum Beispiel kann einer traumatischen Situation je nach Charaktertyp durch Pseudopassivität oder durch Hyperaktivität ausgewichen werden. Außerdem kann Spontaneität durch rational gesteuerte Reaktionen blockiert werden, oder umgekehrt kann spontane Bewegung erzeugt werden (Pumpen), um schmerzhafte Assoziationen zu vermeiden.

All diese Ebenen, Aktivitätsbereiche und Funktionen der Wechselbeziehung zwischen Körper und Geist sind kennzeichnend für das Wirken des Konversionsprozesses.

Kapitel 6

Das Verhältnis von Körper und Geist

Einleitung

Zwischen somatischen Funktionen und Charakterentwicklung besteht eine funktionale Identität. Die Kombination von beiden führt zum Verhalten der Persönlichkeit. "Funktionale Identität" sagt mit etwas anderen Worten, daß zwischen zwei verschiedenen Wesen, Gebilden, kein Unterschied besteht und daß es keinen psycho-physischen Parallelismus gibt. Es stimmt nicht so ganz, wenn man von Funktionsgleichzeitigkeit spricht. Mit Identität ist vielmehr gemeint, daß jede "physische" Funktion eigentlich Teil des psycho-physiologischen Gesamtaufbaus ist und jede "psychische" Funktion ist wiederum Teil dieses selben Aufbaus. Wir haben uns ein Subjekt-Objekt-Denken angewöhnt, demzufolge diese Gebilde Geist und Körper irgendwie getrennte, aber miteinander in Wechselwirkung stehende Elmente sind.

Besser darstellen läßt sich dieses Identitätsphänomen, wenn man somatische und charakterologische Funktionen als verschiedene Ausdrucksformen desselben Wesens/Ereignisses betrachtet. Das Nervensystem, die inneren Organe, die Muskulatur, chemische Veränderungen vom Zellsystem bis zum Gehirn sowie die sinnesmotorische Aktivität des wahrnehmenden Selbst sind an Gefühlsreaktionen und geistiger Tätigkeit beteiligt. Ähnlich erfordert die somatische Aktivität Veränderungen im Denken, Symbolisieren, Vorstellen, Entscheiden, Auswählen und Bewerten und wirkt sich wechselseitig auf diese Veränderungen aus.

Diese Identität ist das Kernstück der Unitiven Psychologie und ihrer einzelnen Systeme. Die Therapierichtungen, die dem somatischen Ausdruck nicht genügend Aufmerksamkeit schenken oder den Körper als Träger des Geistes behandeln, entwickeln keine adäquaten Methoden zur Einbeziehung des Körper-Ichs in die Veränderungsprozesse. Die Therapieformen, die im wesentlichen gesprächsorientiert sind oder den Körper als neu zu regulierenden Mechanismus betrachten, vertreten diesen unzureichenden Ansatz, der im Körper einen Bestandteil der andauernden Persönlichkeit sieht. Die kartesianische Spaltung in Körper und Geist ist allgegenwärtig und hält die Dualität auf fatale Weise aufrecht.

Es ist nur natürlich, daß eine Kultur, die die Bedeutung des Körpers ignoriert hat, auch dessen charakterologische Aspekte ignoriert, außer wenn es um Krankheit geht - d.h. um die Bereiche der psychosomatischen Medizin und Psychotherapie. Dabei handelt es sich aber nach wie vor um ein medizinisches Modell der Psychotherapie, das den Körper als Objekt betrachtet, mit dem etwas nicht stimmt. Es ist einfach nicht vorgesehen, den Körper in das kontinuierliche Wohlbefinden der betreffenden Person mit einzubeziehen. Die Folge davon ist, daß die Verhaltensaspekte des physischen Selbst in der Therapie selten als Ausdruck des Gesamtselbst oder als gangbare Wege zu einer positiven Beeinflussung von Bewußtsein und Verhalten in Erscheinung treten.

Organisches Verhalten

Die Merkmale, die ein Kind von seinen Eltern erbt, zeigen sich in seiner körperlichen Struktur. Wenn man Eltern und Kind anschaut, läßt sich leicht feststellen, daß zum Beispiel die Haltung, der Gang und die körperlichen Eigentümlichkeiten des Kindes mit denen seiner Eltern identisch sind. Es reicht nicht aus, das alles der Vererbung und Nachahmung zuzuschreiben. Es ist vielmehr so, daß die Persönlichkeit von Vater bzw. Mutter eine somatische Auswirkung auf die kindorganische Übertragung hat. Wenn der Vater zum Beispiel eine chronische Angst vor Sinnlichkeit hat und er seine Sinnlichkeit durch Anspannung der Zwerchfellbewegung hemmt, taucht oberhalb des Magens, dort, wo die Spannung gehalten wird, eine sichtbare Linie auf. Beim Kind zeigt sich genau die gleiche Linie an genau der gleichen Stelle. Diese Linie ist ein physiologisches Zeichen der Charakterentwicklung - eine Panzerung. Es war Reich, der dieses Phänomen als Panzerung bezeichnete. David Boadella, ein bedeutender Reichianer, beschreibt es wie folgt:

Später kennzeichnete Reich die Rolle des Charakterpanzers, wie er sie verstand, mit dem Ausdruck "erstarrte Lebensgeschichte". Ein Grundkonflikt, dem ein Mensch in einer bestimmten Phase seines Lebens ausgesetzt ist, schlägt sich in seinem Charakter in Gestalt einer der Abwehr starker Wunschimpulse dienenden Erstarrung in Haltung, Verhalten und Ausdruck nieder. Der Charakterpanzer bindet die affektive

Besetzung des Ausgangskonfliktes und gewährt Schutz vor den seinerzeit aufgewühlten stürmischen Emotionen. ... Gefühle sind in der Charakterformation gebunden, und es kann so lange nicht zu einer vollen Befreiung der Affekte oder zu einem psychoanalytischen Heilerfolg kommen, wie die ursprüngliche Charakterstruktur ihre Abwehraufgabe noch erfüllt: die Entwicklung intensiver Gefühle zu blockieren. Zwischen Struktur und Energie besteht eine Umkehrbeziehung ... (Boadella 1981, S. 45)

Die Flexibilität des Kindes bewirkt, daß diese körperlichen Strukturen nicht immer so offensichtlich sind, sondern sich oft erst im Erwachsenenalter bzw. in Streßsituationen zeigen. Der Körper verpackt das erlernte Verhalten in Symbole.

Durch Konversion manifestiert sich das, was der Erwachsene abspaltet oder verleugnet, auch in seinen Kindern. Die somatische Form, die die Verleugnung oder Verdrängung im Erwachsenen annimmt, formt den Körper des Kindes in genau der gleichen Weise. Ich habe zum Beispiel einmal mit einer Frau gearbeitet, deren Mutter sie ständig vor den Gefahren der Sexualität gewarnt und ihr eingebleut hatte, sich vor den Männern in acht zu nehmen. Die Mutter hatte ein extrem angespanntes Becken und ein Hohlkreuz. Wenn das Becken angespannt wird, muß der Rücken zum Ausgleich ins Hohlkreuz gehen, um den Körper aufrecht zu halten. Das Einziehen des Beckens bewirkt eine "Hab-acht-Haltung", indem der gesamte Genitalbereich angespannt wird - durch Komprimieren des Energieflusses im Becken und im Zwerchfell werden erotische und sexuelle Gefühle wirksam blockiert. Der Lendenbereich (unterer Rücken) wird immobilisiert. Man ist "sicher" vor den Unabwägbarkeiten von Gefühlen, die ihren Ursprung im eigenen Körper haben, und unempfänglich für Ansprüche, die von außen an einen herangetragen werden.

Die Tochter hatte die gleiche Haltung wie die Mutter. (Die Mutter war 49, litt unter schweren Komplikationen und Schmerzen in den Hüftgelenken und mußte gelegentlich einen Stock benutzen; die Tochter war 24 Jahre alt.) Antisexuelle somatische Anpassungen sind gleichzeitig lustfeindlich. Diese junge Frau war allgemein deprimiert, selbstkritisch und zu einem gewissen Grad promiskuitiv. Ihre Promiskuität war Ausdruck einer ständigen Suche nach Lust, die aber aufgrund der inneren Blockierungen automatisch verhindert wurde.

In ihren Therapiestunden traten bei ihr unwillkürliche Beckenbewegungen auf, verbunden mit tiefen sinnlich-erotischen Gefühlen, was sie in ein Dilemma stürzte. Es fand eine Polarisierung statt zwischen der spontanen Sinnlichkeit und den introjizierten Verboten und Warnungen der Mutter.

Reich spricht von "gestauter sexueller Energie" - eine allgemeine Bezeichnung für angesammelte emotionale Energie. Er führt die Psychogenese des neurotischen Verhaltens zwischen Eltern und Kind auf die Entstehung dieser Staus zurück.

Sexuelle Erregung ist eindeutig ein somatischer Prozeß; neurotische Konflikte sind psychischer Natur. Ein an sich normaler leichter Konflikt führt zu einer leichten Störung des Gleichgewichts der sexuellen Energie. Die leicht gestaute sexuelle Energie verstärkt den Konflikt, und der verstärkt wiederum den Energiestau. Auf diese Weise steigern psychischer Konflikt und somatische Stase sich gegenseitig. Der zentrale psychische Konflikt ist die sexuelle Eltern-Kind-Beziehung... Das geschichtliche Versuchsmaterial stellt den Inhalt der Neurose. Alle neurotischen Phantasien haben ihren Ursprung in der kindlichen Bindung an die Eltern. Aber der Konflikt zwischen Kind und Eltern könnte nicht zu einer dauerhaften Störung des psychischen Gleichgewichts führen, wenn es sich bei dem Konflikt nicht im Grunde um gestaute Energie handeln würde, die durch diesen Konflikt ursprünglich hervorgerufen wird ... Gestaute sexuelle Energie ist daher der - in der unmittelbaren Situation immer gegenwärtige - ätiologische Faktor, aus dem die Neurose zwar nicht ihren Inhalt, aber ihre Energie bezieht.(Reich 1987)

Die sinnlichen Gefühle zu akzeptieren bedeutete anfangs, die Weisheit und Führung der Mutter in diesem Bereich zurückzuweisen. Die sinnlichen Gefühle zu leugnen bedeutet für die Klientin, daß sich in ihrem Verhalten und in ihrem Leben nichts verändern würde. Auf der verbalen Ebene war eine ausreichende Auseinandersetzung in keinem der beiden Punkte möglich, da das Problem nur dann kritisch wurde, wenn dem Becken mehr Freiheit gelassen wurde und die Gefühle entsprechend zunahmen. Die Blockierung lag unterhalb der Bewußtseinsschwelle und war inzwischen körperlich geworden: Die Muskeln, die für die Bewegung des Beckens, der Hüfte und des unteren Rückens zuständig sind, waren nicht mehr ausreichend beweglich. Die Klientin war in ihrer Situation "eingefroren". Wenn es gelänge, das Becken aus seiner Unbeweglichkeit zu befreien, hätte sie mehr Energie zur Verfügung, ihre eigenen Gefühle zu bestätigen und mit dem Problem fertig zu werden, daß sie diesen Aspekt ihrer Mutter ablehnte. Mit der Zeit würden diese neugefundende Energie und Lust ihr erlauben, ihre Mutter zu akzeptieren, ohne sich deshalb gleichmäßig zurückzuhalten.

Unbewußt will das Kind den Eltern oder der Autoritätsfigur gefallen. Das bedeutet, daß es bestimmte körperliche Muskelhaltungen aufbauen muß, um seine Gefühle in eine solche Konstellation zu bringen, die der der primären Bezugsperson entspricht. Man könnte diesen ganzen Prozeß als *organische Prägung* bezeichnen, als Fixierung der Persönlichkeit im Körper durch die Kontrolle des Energieflusses, durch die Kontrolle bestimmter Muskelreaktionen.

Bevor man davon sprechen kann, daß ein Mensch eine eigenständige Perspektive hat, müssen drei Dinge geleistet werden:

a) Er muß lernen, das ganze Potential seiner somatischen Energien zu integrieren, zu halten, zu erleben und im Ausdruck zu entladen.
b) Er muß die Widerstände und Abwehrmechanismen, die sich durch die Einflüsse der Eltern/Bezugsperson entwickelt haben, in seinem Verhalten und Körper erkennen.
c) Im Verhalten und im Lebensstil müssen Veränderungen erfolgen, die die Konsequenzen aus (a) und (b) unterstützen. Das bedeutet, daß aktuelle Verhaltensweisen und Beziehungen, die die Muskelhaltungen unterstützen, als solche erkannt werden müssen, daß diese Beziehungen zurückgewiesen und neue aufgebaut werden müssen, die einer umfassenderen Äußerung des Selbst förderlich sind.

Das Bedürfnis nach Anerkennung und nach Bindung an den Ursprung dieser Anerkennung sind genau Bindungen von Muskeln, Nerven, Atemmustern, Haltung und fixierten organischen Reaktionen. Verständnis und Einsicht reichen nicht aus, um die körperliche Entladung zu bewirken, die der Körper durchmachen muß, wenn an die Stelle von Verdrängung und Abwehr freier Ausdruck und freie Reaktion treten sollen. Das bedeutet nicht, daß diese Arbeit ein Versuch ist, Gefühl *an sich* freizusetzen. Viele Menschen sind in der

Lage, ihren Gefühlen in bestimmten begrenzten Bereichen vollen Ausdruck zu verleihen, während sie in anderen Bereichen gegen jede Gefühlsäußerung gefeit sind. Einige können weinen, aber nicht wütend werden oder umgekehrt. Andere können sexuelle Gefühle zum Ausdruck bringen, nicht aber Liebe oder umgekehrt.

Diese Spaltungen sind charakteristisch für eine fragmentierte Beziehung zwischen Körper und Geist. Es muß einen Prozeß geben, der körperliche Entladung, stärkere Gefühle und kognitive Assoziationen in einer dem Kontext angemessenen Art und Weise miteinander verbindet. Wenn man mehr Zugang zu seinen Gefühlen hat und offener für den Ausdruck und das Verhalten eines anderen ist, ist man auch verletzlicher. Diese Verletzlichkeit kann Angst und Panik auslösen, wenn man nicht über eine angemessene innere Sicherheit verfügt. Um mit einem guten Gefühl *ja* sagen zu können zu Akzeptanz und Nähe, muß man wissen, daß man sich auch zurückziehen und *nein* sagen kann. Solange das Nein fehlt, macht es wenig Sinn, das eigene Gefühlsvermögen zu steigern, weil man seinen Gefühlen dann hilflos ausgeliefert wäre.

Gefühle und Bewegung

Seinen eigenen Körper spüren zu können bedeutet, sein eigenes Selbst zu erleben. Was einem Menschen an Körperbewußtsein fehlt, ist im allgemeinen identisch mit dem, was in seinem Charakter und seinem Verhalten fehlt. Wer wenig oder kein Gefühl in seinem Rücken hat, macht oft die Erfahrung, daß er "nicht genügend Rückgrat zeigen" kann, daß andere ihm "den Rücken stärken" müssen etc. Der Körper ist voll toter Stellen und blinder Flecken, denen jedes Gefühl fehlt. Die potentielle Gefühls- und Reaktionsfähigkeit ist der betreffenden Person verloren gegangen. Die Wiederbelebung dieser toten Stellen in der Therapie geht immer einher mit einer Intensivierung von Empfindungen, Erinnerungen und Reaktionen. Und es stellt sich heraus, *daß das, was im Charakter fehlt, in den nicht funtionierenden Körperteilen abgelagert ist.* Das gilt im Hinblick auf unwillkürliche Bewegung und die erreichbaren Teile.

Der Bewegungs- und Reaktionsverlust macht einen Ausgleich im übrigen Körper erforderlich. Energie, die durch blockierte Bewegung aufgestaut ist bzw. Bewegung, die blockiert wird, um Energie und

Gefühle zu unterdrücken, hat eine Rückwirkung auf das, was noch voller Leben ist. Diese Rückwirkung führt dazu, daß in anderen Bereichen Druck entsteht, Funktionen verschoben und bereits aktive Bereiche überlastet werden. Die Akupunktur arbeitet genau mit diesem Krankheitsbild - überlastete Organe und Systeme werden mit unterforderten Bereichen verbunden, um einen Energiefluß anzuregen, der dann eine Rückkehr zur Homöostase einleitet. Dieser Ausgleich ist der somatische Aspekt der Verdrängung. Mona-Lisa Boyesen, die mit Vegeto-Therapie und dynamischer Physiologie arbeitet - ein Neo-Reichianisches System, das von ihrer Mutter, Gerda Boyesen, entwickelt wurde - charakterisiert diesen Prozeß als somatischen Kompromiß:

Am kritischen Punkt im Augenblick der Unterdrückung wird insbesondere in den ausdrucksstarken Körperregionen der Kehle, des Gesichts und des Kopfes der Blutdruck erhöht, ganz so, wie es für den adäquaten emotionalen Ausdruck erforderlich wäre. Weil die Erhöhung des Blutdrucks und die innere Spannung andauern, solange ein emotionaler Affekt besteht, muß der Organismus einen Kompromiß ermöglichen, um die Blutkonzentration in den expressiven Gebieten zu verringern und dadurch den Drang nach Lösung zu reduzieren.

Durch Muskelkontraktion, vor allem in den Atmungsmuskeln wie beispielsweise dem Zwerchfell, werden die entsprechenden Organe eingeschränkt und verlangsamen dann ihrerseits wiederum die Atmungsbewegung.

Dies hat eine Double-Bind-Funktion, die dem somatischen Kompromiß dient. Nach Freuds Neurosentheorie hat eine funktionale Unterdrückung "die Aufgabe, den instinktiven Impuls zu beherrschen". Physisch ausgedrückt bedeutet dies, daß Bewegung zurückgehalten wird.

Um diese Beherrschung zu perfektionieren, benutzt das Muskelsystem, insbesondere das der quergestreiften Muskeln, seine motorische Fähigkeit, um autonome Reaktionen zu verhindern. Die vegetative Aufladung verbraucht einen Großteil der affektiven Energien,um die temporäre Muskelkontraktion aufrechtzuerhalten. Dies hebt die emotionale Reaktion praktisch auf, da der Impuls zu reagieren Teil des Unterdrückungsprozesses wird. (Boyesen 1987)

Zu einem Teil des Kompensationsprozesses gehört die Symbolisierung - die Funktionsübertragung von einem Bereich auf einen anderen; wenn ich zum Beispiel das Gefühl der Stärke für meinen Rücken verloren habe, muß ich zum Ausgleich dafür verstärkt die Hebelkraft und Stärke meiner Arme einsetzen. Charakterologisch gesehen beinhalten die Ich-Kompensationen auch Abwehrmechanismen, um die fehlenden Funktionen zu ersetzen. Wenn der angespannte Rücken Unsicherheit und Angst verursacht, wird sich das Ich Spielchen und Masken überlegen, hinter denen es das Problem verstecken und mit denen es die *Persona* stützen kann.

Daß in diesen abgetöteten Bereichen etwas festgehalten wird, hat normalerweise den guten Grund, daß mit der Entladung der potentiellen Bewegung und der potentiellen Energie verknüpfte Angstgefühle abgewehrt werden sollen. Wenn diese abgetöteten Stellen unkontrolliert oder unerwartet mit Leben erfüllt werden, erlebt die betreffende Person einen Kontrollverlust und ein Wiederaufleben der ursprünglichen Angst, die durch Blockierung unterdrückt wurde. Im Fall des angespannten Rückens gibt es viele mögliche Erklärungen. Wenn der Betreffende zum Beispiel als Kind seine Aggression kontrollieren mußte, um als "braver Junge" zu erscheinen, stellt diese Aggression insofern eine Quelle der Angst dar, als sie bei den Eltern auf Mißfallen oder Enttäuschung stoßen würde. Das Kind lernt, die Aggression zu immobilisieren, indem es seinen Rücken immobilisiert. Aus diesem Kind wird ein nicht-aggressiver Erwachsener, der nicht das "Rückgrat" hat, das man für ein unabhängiges Leben braucht. Wenn der Rücken durch therapeutische Arbeit gelockert wird und sich Anzeichen dafür zeigen, daß die Aggression wieder hochkommt, treten infolge von Verhaltensweisen, die nach wie vor durch Muster aus der Kindheit konditioniert sind, gleichzeitig Ängste auf. Der betreffende Mensch muß lernen, die Aggression um ihrer selbst wegen anzuerkennen, als wesentlichen Bestandteil auf dem Weg, im umfassenden Sinne Mensch zu werden. Das beinhaltet zu einem gewissen Grad die Ablehnung dessen, was die Eltern einem vermittelt haben, sowie eine Konfrontation mit den Aspekten des eigenen Lebensstils, die um die Vermeidung von Aggression herum organisiert sind.

Im Zustand der Fragmentierung muß die betroffene Person alles in ihrer Macht Stehende tun (ein ungeheurer Mißbrauch und eine ungeheure Verschwendung von Energie), um die Bewegung im Körper weiterhin zu unterdrücken. Wenn sie trotzdem auftritt, erzeugt das Angst. Tote Stellen entsprechen im allgemeinen unterdrücktem Schmerz, der durch das Unvermögen verursacht wurde, die ursprünglichen Gefühle zu akzeptieren. Eine zurückgehaltene Bewegung führt zu übermäßiger Muskelkontraktion, was schmerzhaft ist; dauerhaftes Festhalten bedeutet dauerhaften Schmerz; nach und nach wird der Schmerz irgendwie physiologisch integriert, so daß nur noch Leblosigkeit übrigbleibt und der Gesamtzyklus sich dem Bewußtsein entzieht. Die Therapie kehrt diesen Prozeß um: Die toten Stellen werden wieder mit Leben erfüllt. Die erneuerte Lebendigkeit geht mit Schmerz einher und der nur allmählichen Wiederherstellung der ursprünglichen Gefühle. Gleichzeitig mit den hochkommenden Gefühlen oder im Anschluß daran empfindet man oft ein Gefühl der Freude, denn man ist für sich selbst präsenter, ist sowohl qualitativ als auch quantitativ lebendiger, und es ist einfach weniger Schmerz da.

Um noch einmal kurz auf den Prozeß der Kompensation oder des Ausgleichs zurückzukommen: Man stelle sich ein Kind vor, das Angst hat. Es atmet tief ein (schnappt erschreckt nach Luft); die Brust dehnt sich aus, um Platz für die eingeatmete Luft zu machen; der Bauch wird eingezogen; die Schultern werden hochgezogen; die Beine werden angespannt; der ganze Körper ist in Alarm versetzt, und wenn es keinen einfachen Ausweg aus der Situation gibt, fängt das Kind an zu weinen oder zu schreien. Das alles ist absolut natürlich. Zu einem Problem wird es dann, wenn die Situation die Äußerung der notwendigen Reaktion nicht erlaubt, zum Beispiel durch Worte wie: "Ein großer Junge weint nicht"; "Nicht jetzt, Schatz"; "Sei nicht albern, da ist nichts, wovor du Angst haben müßtest". Die Botschaft an das Kind lautet, die natürliche Äußerung der Erfahrung zu leugnen und sich statt dessen zu verstellen - in Form von Stolz, Leugnung der Angst und das Verlangen, den Wahrnehmungen der Eltern zu entsprechen. Die somatische Folge ist, daß dieser Mensch auf den eingefrorenen Prozessen der Angsterfahrung "sitzenbleibt".

Bei regelmäßiger Wiederholung dieser Erfahrung oder durch kurze, extrem intensive Erfahrungen, entsteht eine chronische Fixierung. Das Resultat ist ein Erwachsener, der unfähig ist zu weinen, die Schultern loszulassen, tief durchzuatmen, die Beine zu entspannen oder den Bauch und das Zwerchfell loszulassen. Angstvollen Situationen kann man dann nur mit dem Kopf begegnen, durch Rationalisierung und Verstellung - die Körperreaktionen sind immobilisiert, eingefroren und gründlich abgewertet worden. Die Muskelpanzerung verstärkt das Gefühl der Unsicherheit, da die betreffende Person in ihren Möglichkeiten reduziert ist, mit den Widrigkeiten des täglichen Lebens fertig zu werden. Die Muskelspannung teilt sich dem Kreislauf und dem Nervensystem als Streß mit, der sich wiederum auf den Stoffwechsel auswirkt, und diese Information wandert vom Gehirn aus hin und her.

Auf diese Weise können sich Reste des Schreckreflex-Musters übereinanderlagern, die mit Mustern der Atemhemmung und entsprechenden nicht abreagierten vegetativen Reaktionen in Verbindung stehen. ... Die chronischen Schreck-Tendenzen können als der Hauptfaktor in der neurotischen Komposition angesehen werden. ... Auf diese Weise wird die Neurose Schicht für Schicht aufgebaut. Das Resultat sind funktionelle Schwäche und Persönlichkeitsstörungen (Muskel / Charakterpanzer). (Boyesen 1987, S.45)

Das Bindegewebe (Faszien), das die gestreiften Muskeln (die willkürliche Muskulatur) stützt, wird angespannt, um die Panzerung zu integrieren, und diese Faszienummantelung wird zur Quelle des chronischen Gefühls, festgehalten zu werden, gefangen zu sein. Die "Wände", die Klienten bei tiefen Bildererfahrungen sowie als Empfindungen in ihrem Körper erleben, sind auf diese angespannten Faszien zurückzuführen.

Dieses chronische und spastische Einfrieren von Bewegungsfähigkeit hemmt das Bewußtsein und die Äußerung von Gefühlen sowie die Fähigkeit, auf äußere Ereignisse zu reagieren. Man steht ständig unter innerem Streß, und die Schwelle, äußeren Streß zu integrieren, senkt sich. Der durch diesen Gesamtprozeß verursachte Selbst-Verlust führt zu einer verstärkten Abhängigkeit von äußeren Autoritäten zur Erfahrungsbeurteilung - ich brauche jemanden, der mir sagt, wer ich bin. Der reduzierte Erwachsene sucht dann in Beziehungen, im Beruf und ganz besonders in jeder Situation, die Werturteile erfordert, nach genau den Unterstützungsmustern, die er in seiner Kindheit von den Eltern oder der primären Bezugsperson bekommen hat. Was dem Selbst verlorengegangen ist, wird durch Ressourcen der äußeren Welt ersetzt. Das erklärt zum Teil, wie Anhänger, Groupies und Drogenabhängige entstehen und funktionieren.

Bioenergetik

Bioenergetik, ein oft mißbrauchter Begriff, bezieht sich ganz allgemein auf die Arbeit, die sich mit dem Wesen der Lebensenergie befaßt. In der Reichianischen und Neo-Reichianischen Therapie wird Bioenergetik in Verbindung mit Psychologie angewandt. Reich selbst benutzte den Begriff *Vegetotherapie* zur Bezeichnung seiner Körperarbeit, während er mit dem Begriff *Charakteranalyse* auf die psychologische Komponente der Therapie verwies. Alexander Lowen, einer der bekanntesten Schüler von Reich, verwendet die Bezeichnung *Bioenergetik* sozusagen als Markennamen für seine spezielle Form der Therapie. Reich prägte für seine Arbeit schließlich den Begriff *Orgonomie*, womit er die allgemeine Untersuchung von Lebensenergien meinte. Andere Reich-Schüler bzw. Therapeuten, die Reichs Vorstellungen und Methoden abgewandelt haben, haben für sich unterschiedliche Bezeichnungen gewählt. Eine bekannte norwegische Therapeutin, Gerda Boyesen, nennt ihre Arbeit *psychoenergetische und dynamische Massage*; Malcolm Brown, ein Schüler von Gerda aus San Francisco, bezeichnet seine Methode als *Direkt-Körperkontakt-Psychotherapie.* (1976, jetzt Organismische Psychotherapie, Hrsg) Ich nenne die kombinierten Prozesse *Energiemobilisierung.*

Funktional gesehen sind mit Bioenergetik die psychotherapeutischen Konzepte und Praktiken gemeint, die eine Theorie und Methode zur Beeinflussung des Energieflusses in lebendigen Wesen beinhalten. Pathologische Erscheinungen werden als das natürliche Ergebnis einer gestörten Ökonomie der Energiemobilisierung im Menschen betrachtet, die sich gleichermaßen auf die somatische und die psycho-logische Entwicklung auswirkt.

Aus Platzgründen ist es hier nicht möglich, eine Synthese der Bioenergetik zu versuchen, aber einige der wichtigsten theoretischen Konstrukte sollen hier angeführt werden, da sie ein wesenhafter Bestandteil der Verkörperung psychischer Energien durch das Medium der Kreativen Trance sind.

Die Dynamik der Charakterstruktur

Die primäre Äußerung aller lebendigen Organismen ist eine pulsierende Bewegung der Ausdehnung und Zusammenziehung. Sie findet sich bei der Amöbe ebenso wie in der Zelle, im Atemrhythmus, im Aufnahme- und Verdauungsprozeß der Peristaltik, in den antagonistischen Beziehungen der Muskeln, in der Funktion des Herzens etc. Die Aktivität der Zusammenziehung und Ausdehnung leitet den Organismus an, seine Bedürfnisse zu befriedigen.

Ausdehnung ist eine Form des Sichausstreckens, der *Kontaktaufnahme* mit der Umwelt, der Offenlegung der Bedürfnisse und Wünsche des Selbst. Zusammenziehung ist Rückzug und Trennung sowie Ausdruck der Tatsache, daß Unterstützung durch die Umwelt erfolgt. Die beiden Funktionen zusammengenommen kennzeichnen und beinhalten die Person. Wenn eine der beiden Funktionen zusammenbricht, ist die betreffende Person entweder zu stark zusammengezogen (gestreßt, überlastet, abgeschnitten) oder zu stark ausgedehnt (gestreßt, unterfordert, verletzlich, abhängig). Das Selbst als flexibles, bewegungsfähiges Gefäß, das sich ausstreckt und wieder zurückzieht, ist fragmentiert und verzerrt. An die Stelle von Natürlichkeit und Spontaneität tritt ein rigides Kontrollsystem, das die angeborene instinktive Weisheit der Ausdehnungs-/Kontraktionsfunktionen ersetzt. Zur Bestimmung der verschiedenen Typen von Charakterabwehrmechanismen, die eine Folge der Hemmung der natürlichen Impulse sind, hat Reich einige Postulate aufgestellt, die sich wie folgt beschreiben lassen:

a) Der Zeitpunkt der Impulsfrustration - Wie früh in der Kindheit ist die Frustrierung erfolgt ...;
b) Ausmaß und Intensität der Frustration - Stärkere Frustrierungen erfordern eine rigidere Panzerung ...;
c) Gegen welche Impulse ist die Frustration gerichtet ...;
d) Das Verhältnis zwischen Triebbefriedigung und Versagung - Die Eltern können bestimmte Impulse über- oder unterstimmulieren, je nach Moralvorstellungen und Lebensstil ...;
e) Das Geschlecht der frustrierenden primären Bezugsperson- Bezieht sich auf Phasen der Identifzierung mit Mutter und Vater ...;
f) Die Widersprüche in den Frustrationen - Inkonsequenz, Verhalten zu Hause und in der Öffentlichkeit etc. (Boadella 1981, S. 51 f.)

Der Kopf übernimmt durch Rationalisierung, und der Körper wird zum abgespaltenen Objekt. Spontaneität wird als Bedrohung für das Kontrollsystem empfunden, und dementsprechend werden Energiefluß, Gefühle und somatische Reaktionen als Versuche erlebt, das Kontrollsystem auszuschalten. Wenn dieser Prozeß chronisch wird, wird der Körper zu einem Feind des Kopfes. Das Kind übernimmt die Verbote der Eltern, verinnerlicht sie und sagt nein zu spontanen Impulsen. Die Impulse werden vor den Eltern "versteckt"; dabei handelt es sich um eine defensive Beziehung, die das kindliche Potential zur Spontaneität in den gehemmten Bereichen zerstört. Jedes Nein zu einem natürlichen Impuls spezifiziert Form und Ausdruck des Charakters durch die Errichtung von Gefühl und Bewegung vermittelnden Grenzen. Durch die willkürliche Muskulatur hemmt das Ich die Impulse. Der Organismus will sich nach außen bewegen und wird durch die Ablehnung daran gehindert. Das erzeugt zuerst Angst und schließlich Anspannung. Durch die Hemmung der Muskeln wird der Körper buchstäblich geformt, um mit der Spannung fertig zu werden und die Ich-Ansprüche nach Unterdrückung und Ersatz zu befriedigen. Die Grenzen werden in den Organ- und Muskelstrukturen verwirklicht.

Erste Konversionsanzeichen

Wenn die instinktive Reaktion der Zelle auf Reize gehemmt wird, müssen die chemischen Prozesse einen Ersatz für die normale Bewegung suchen. Tun sie es nicht, führt die Ansammlung von Ausscheidungsstoffen zum Tod. Angst entsteht.

Wenn dieser endogene physiochemische Prozeß von äußeren Faktoren völlig ungestört bliebe, würde der Zyklus der organischen Entwicklung stets denselben Verlauf nehmen ... Aufgrund von Zellaktivitäten infolge des Zellgedächtnisses, das ererbte Eigenschaften enthält, würden außerdem dieselben Zellreaktionen auf Reize höherer Ordnung erfolgen, und es würden dieselben Zellkomplexe aufgebaut ... Aber das ist nicht der Fall; es lassen sich vielfältige Reaktionen auf dieselben Reize zu verschiedenen Zeiten in verschiedenen Zellen beobachten. Dafür kann es verschiedene Gründe geben - aufgrund von Umweltfaktoren, die störend in die Zellgruppen eingreifen, bevor ihre Aktivität beendet ist, erfolgen heterogene Zellmutationen ... eine reichhaltige dispositionale Reaktivität auf endogene und exogene Reize wird angelegt. Es gibt auch keine Merkmale in der Zellstruktur, aus denen sich die zukünftigen physiochemischen Reaktionen auf einen Reiz ablesen ließen;

dennoch ist die Art der Gruppierung der wichtigsten chemischen Verbindungen einer Zelle die Grundlage für zukünftige, oft anomale, Reaktionen des Organismus ... Diese angeborenen Eigenschaften ermöglichen dem Zellkomplex, gewissermaßen instinktiv auszuscheiden. Durch Wiederholung führen diese instinktiven Ausscheidungs-mechanismen dann zu dem, was das funktionale "Gedächtnis" einer Zelle oder eines Organsystems ausmacht. (Deutsch)

Bei diesem Zellgedächtnis handelt es sich um eine Reaktionsbildung oder Konditionierung, die aus der Hemmung bzw. Entladung von Bewegung entstanden ist.

Normalerweise aufgrund der psychologischen Auswirkungen (oder aber infolge von Streß und Anspannung) wird die die Funktionsweise der Zellen steuernde Stoffwechselaktivität beeinträchtigt. Die Bewegungshemmung hemmt auch die Ausscheidung von Abfallstoffen in den Zellen, was zu Unwohlsein oder Krankheit führt. Die Anpassung an diese Funktionsstörung stabilisiert sich und stellt eine funktionale Veränderung in der Fähigkeit des Organismus dar, mit Stimulierung fertig zu werden. Meine eigene Erfahrung legt nahe, daß dieses "Gedächtnis" Teil des Erinnerungsspeichers ist. Wenn der Inhalt der inneren Bilder ein Ausdruck bestimmter Organe zu sein scheint, interpretiere ich die Symbolisierung auf der Grundlage der Hypothese vom Zellgedächtnis als repräsentativ für die physiologische Wirklichkeit und die eigentliche Organaktivität.

Der Energiefluß (Libidoaktivität) wird durch das Zellgedächtnis und das Reaktionsvermögen beeinflußt. Beim Prozeß der Symbolisierung wird Energie zu Konversionsfunktionen eingesetzt. Daher sind die Fähigkeiten des Bilderns, des Phantasierens und Träumens in die Realität des Körpers eingebettet. Das Ich wird inkorporiert und ver-körpert - inkarniert.

Der Atem

Der Atem ist das physiologische Bindeglied zwischen willkürlicher und unwillkürlicher (bewußter und unbewußter) Aktivität. Durch Atemkontrolle lernt das Kind, auch die Gefühle zu kontrollieren. Das Anhalten und Verflachen der Atmung unterstützt die Kontraktion eines Restimpulses - wird der Atem losgelassen, dann wird mit ihm auch der Impuls losgelassen. Die meisten Menschen atmen nicht tief durch. Der Versuch, vollständiger zu atmen, ist mit Angst verbunden, und wenn sie weitermachen, kommt es zur Äußerung von Gefühlen und zum Abreagieren.

Der Atem ist das Mittel zur Lebensübertragung - er dient inneren und äußeren Reizen gleichermaßen. Verstärkte Atmung verstärkt die Stoffwechselaktivität, die wiederum die Freisetzung unterdrückter Erinnerungen, Gefühle und Bewegungen anregt. Chronische somatische und Verhaltensmuster sind die Ergänzung zu einem chronischen Atemmuster. "Oberflächliche" Menschen atmen nicht so tief wie Menschen "mit Tiefgang". Die Tiefe des Atems entspricht der Fähigkeit eines Menschen, mit seinen Erregungsebenen umzugehen; sie ist ferner Ausdruck der Energieökonomie, die mit starker Stimulierung einhergeht.

Im Idealfall erzeugt eine tiefe Atmung eine wellenförmige Bewegung: Einatmung - Ausdehnung des Brustkorbs nach außen und zur Seite, gefolgt von einer leichten Hebung des Bauchs; Ausatmung - weiter leichte Hebung des Bauchs, gefolgt von einem Einsinken des Brustkorbs; beim Einatmen wird das Zwerchfell nach unten gedrückt, beim Ausatmen wird es losgelassen. Der gesamte Prozeß ist unwillkürlich.

Jede Hemmung dieser Aktivität bzw. jede Phasenverschiebung beeinträchtig oder zerstört die Wellenbewegung. Es gibt im wesentlichen drei Arten von Atmung:

a) oberer Brustbereich - Bewegung des Brustkorbs, aber wenig oder keine Zwerchfellbewegung, der Bauch ist eingezogen;
b) unterer Unterleib - der Brustkorb bewegt sich kaum, aber der Bauch wird beim Einatmen eingezogen und beim Ausatmen festgehalten;
c) Gesamtwelle - wie oben als Idealfall beschrieben.

In dem Beispiel von dem Kind, das daran gehindert wurde, auf eine Angstsituation voll zu reagieren, bedeutete die fehlende Reaktion gleichzeitig Festhalten der Brust sowie die spätere Unmöglichkeit, voll auszuatmen. Durch das Festhalten verlieren die Muskeln, die die Atmung unterstützen, einen Teil ihrer Beweglichkeit; im chronischen Zustand wird eine spontane volle Atmung unmöglich. Auf die Muskeln bezogen wird dadurch eine gezwungene Atmung erforderlich, oder es wird nach und nach auf einen Teil des Atmungszyklus resigniert verzichtet. Eine gezwungene Atmung unterstützt außerdem das rationale Kontrollsystem. Reduzierte Atmung ist gleichbedeutend mit reduzierter Stimulierung und reduzierter Reaktion. Der restliche Teil der Reaktion geht in dem verlorengegangenen Teil des Atmungszyklus verloren. Die Atmung wird außerdem durch die Kontrolle des Grads der Einatmung und des Loslassens kontrolliert. Das Festhalten verhindert ein tiefes Einatmen, die chronische (inzwischen unbewußt gewordene) Abwehr von Angst verhindert ein volles Ausatmen.

Anstelle einer spontanen Welle wird der Aten in einzelne Abschnitte, isolierte Schwingungen zerstückelt und perspektivisch verkürzt. Bei der therapeutischen Arbeit ist ein Umlernen in diesem Punkt von wesentlicher Bedeutung, wenn irgendwelche bedeutenden Veränderungen erfolgen sollen. Es ist nicht unüblich, Sitzungen einfach mit der Bitte an den Klienten zu beginnen, sich auf eine volle Ausatmung zu konzentrieren. Das löst beinahe unmittelbar einen Strom von Empfindungen und Erinnerungen aus, verbunden mit Bewegungen, mit Zittern und Angstsymptomen.

Das Prinzip Ausdehnung-Kontraktion läßt sich am Atemmuster am unmittelbarsten beobachten. Die Unfähigkeit, voll einzuatmen, ist gleichbedeutend mit dem Unvermögen, die Stimulierung voll zu erleben; demzufolge kann auch der Organismus nicht entsprechend stimuliert (aufgeladen) werden. Die Unfähigkeit, voll auszuatmen, ist gleichbedeutend mit einer reduzierten Fähigkeit, sich voll zum Ausdruck zu bringen (zu entladen). Es findet eine Anpassung statt, die in Streßmomenten zu einem bewußten Problem wird; der Ladungseffekt wird größer, bricht ins Bewußtsein ein und bedroht die Abwehrmechanismen. Angst ist die Reaktion auf den Versuch, die Ladung festzuhalten, anstatt sich mit der Ladung zu bewegen. Es findet eine Art innerer Bürgerkrieg statt. Die Angstzunahme löst den Konversionsprozeß aus: Die Angst wird durch Projektion, Idealisierung oder Substituierung symbolisiert. Was der Klient nicht halten oder zum Ausdruck bringen kann, wird in etwas anderes umgewandelt - eine Phantasievorstellung, ein Bild, eine Veränderung normaler Wahrnehmungen. Wenn der Konversionsprozeß für die Übertragung der Ladung unzureichend ist, ist körperliche Schädigung die Folge (psychosomatische Erkrankungen), oder die betreffende Person "dreht durch", wird verrückt oder findet schließlich im Tod Entlastung (Herzanfall, Selbstmord etc.).

Die Entstehung dieser selbstzerstörerischen Verhaltensmuster in der Kindheit ist auf ungenügenden oder unangemessenen körperlichen und emotionalen Kontakt zurückzuführen. Es gab außen keinen Pol, mit dem die Ladung hätte Kontakt aufnehmen können. Das löst im Kind außerdem Verwirrung und unterdrückte Wut aus. Zuerst hat die Umwelt die Ladung stimuliert, die Wirkung dann aber nicht zur Kenntnis genommen. Das erschreckte Kind brauchte den akzeptierenden Kontakt der Eltern und die Anerkennung der Angst. Solange die Angst festgehalten wird, gibt es keinerlei Möglichkeit, sie zu verstehen - der Druck ist zu groß. Mit dem Umlernen des Atemmusters wird es leichter, etwas Druck von der betreffenden Person zu nehmen und aufgestaute somatische Energie zu entladen.

Die Dialektik der Bewegung

Ausdehnung und Zusammenziehung im Körper sind mit den Ladungs- / Entladungsfunktionen verknüpft, die wiederum mit der Integration und dem Ausdruck von Reizen zusammenhängen. Diese beiden Polaritäten lassen sich darüber hinaus mit den psychischen Aktivitäten des Verbergens und Offenlegens verbinden. In diesem Fall kann Verbergen entweder ein natürliches Sichzurückziehen , ein angemessenes Nein an die Umwelt bedeuten, oder aber die Unfähigkeit loszulassen, wenn das Nein chronisch fixiert wird.

Dies ist der unsichtbare Prozeß (der somatische Kompromiß), der einer wachsenden Persönlichkeitsströung zugrunde liegt und der eine Folge der allmählichen Ersetzung des Lustprinzips durch das Verschlußmuster ist, das schließlich beherrschend wird. (Alles, was sich gut anfühlt, ist falsch.) Obwohl das psychische Trauma der verdrängte Inhalt ist, liegt die Ursache der Verdrängung in einer immer stärker werdenden Hemmung der Psychoperistaltik. Nicht der Streß der Situation selbst ist die Ursache, sondern vielmehr das Unvermögen, diesen Druck zu entladen. (Boyesen 1987, S.55)

Offenlegung entspricht auf der Verhaltensebene der somatischen Ausdehnung. Es ist die körperliche und emotionale Äußerung von Gefühlen, ein Sich-der-Welt-zeigen. Symbolisierung kommt in dem Moment in diese Dialektik mit hinein, wo unangemessene Äußerungen eine Reaktion beherrschen. So kann jemand zum Beispiel “explodieren", was nicht dasselbe ist wie eine angemessene Offenlegung. Oder jemand versagt sich die Äußerung seiner Gefühle. Bei diesem Verbot handelt es sich nicht um eine Qualität gesunden Zusammenziehens oder Verbergens. Wenn diese Funktionen auf Reize im Hier-und-Jetzt angemessen reagieren, entsteht ein Gefühl des Wohlbefindens. Werden die Funktionen durch das fehlangepaßte Verhalten unserer kulturellen und persönlichen Geschichte vermittelt, entsteht eine dauerhafte Spannung, die aufrechterhalten werden muß. Søren Kierkegaard hat die Behauptung aufgestellt, daß es eine dyadische Spannung zwischen der historischen Vergangenheit und dem Jetzt gibt, die das primäre existentielle Dilemma des Menschen ausmacht.

Die Mystiker gehen davon aus, daß sich diese Spannung nur durch ein transzendentales Bewußtsein beseitigen läßt, das den Menschen von der Bindung an die Vergangenheit und von den Syndromen von Anerkennung Mißbilligung des beschränkten Bewußtseins befreit. In *Das Unbehagen in der Kultur* bezeichnet Freud diese Spannung als den Ursprung und die notwendige Stütze der Zivilisation. In der Therapie taucht diese Spannung in bestimmten Momenten auf - wenn sie vorzeitig entladen wird, hat die betreffende Person dabei das Gefühl, wahnsinnig zu werden. Voll und ganz präsent zu sein wird dann mit Wahnsinn gleichgesetzt.

Für mich persönlich fällt dies in den Grenzbereich therapeutischer Methoden. Nur in dem kontrollierten, behüteten Rahmen eines Klosters oder einer entsprechenden Umgebung kann eine solche Totalentladung möglicherweise getragen werden. Dort werden die meisten der normalen Zivilisationseinflüsse am Eingangstor zurückgehalten.

Das Prinzip der Hervorlockung der verdrängten Aspekte polarisierter Funktionen - beinahe schon Satori oder bewußtseinserweiternde Erfahrung - ist ein immanenter Bestandteil der Arbeit. Die Spannung ambivalenter Gegensätze ist eine strukturierte Voraussetzung für Veränderung.

George Bataille, ein Mann, der über die Welt meditiert, hat einiges über den Konfliktzustand zwischen unserem "zivilisierten Selbst" und unserem "animalischen Selbst" zu sagen.

Wir leben in einer Welt der Diskontinuität, der Zweckmäßigkeit, der Bewußtheit und Arbeit; in einer profanen Welt. Oben (oder unten) ist das heilige Leben, an dem wir mit Kräften teilnehmen, die kontinuierlich sind, wenn wir die zerbrechlichen Schalen durchstoßen, die uns voneinander und vom übrigen Universum trennen. Man kann kontinuierlichen Kräften keine Aufgaben übertragen, nur nicht-kontinuierlichen. Also wird das Heilige durch seine totale Unzweckmäßigkeit für immer von dem Profanen getrennt. Im Erotischen liegt kein Bewußtsein und keine Objektivität, weswegen auch der selbst-bewußte Orgasmus mit dem Gefühl einhergeht, daß "etwas fehlt" ...

Aber man beachte die politischen Konsequenzen ... Solange wir uns die Fähigkeit bewahren, uns von dem Nicht-Kontinuierlichen zurückzuziehen, können wir nicht wie bloße Objekte behandelt werden ... Was für ein faszinierendes Paradoxon! Unsere Animalität versorgt uns mit dem erhabensten Menschlichen. Spinoza hatte Unrecht. Wir sind nicht Sklaven der Leidenschaft, sondern der Vernunft selbst. Solange wir der Leidenschaft die Tür nicht verschließen, kann keine Kette, kein Schloß, kein Gott-König, keine Vorstellung uns auf ein Mittel zum Zweck reduzieren.

Lustprinzip und Realitätsprinzip

Lowen hat einen Konflikt zwischen den Bedürfnissen des Lustprinzips und denen des Realitätsprinzips veranschaulicht. Sein von Reichs Grundgedanken abgeleitetes Schema sieht wie folgt aus:

Vom analytischen Denken lassen sich zwei Grundthesen über die menschliche Funktionsweise ableiten: das Lustprinzip und das Realitätsprinzip.

Auf der normalen Funktionsebene verbinden sich die Dualitäten und Konflikte zwischen den Geboten der Realität einerseits und dem Verlangen nach Lust, Freude und Frieden andererseits, die jeder Mensch erlebt, zu Schmerz und Unsicherheit. Wenn die Unlust zu groß wird, setzen Konversion und Symbolisierung ein, um die Angst unter Kontrolle zu halten. Viele Menschen sind nicht in der Lage, tiefe Lustgefühle zu integrieren und zum Ausdruck zu bringen. Aufgrund des plötzlichen Energieandrangs werden sie anfangs als schmerzvoll erlebt.

Meine persönliche Überzeugung ist, daß man sich als erstes mit dem Lust-/Realitätskonflikt auseinandersetzen muß, bevor eine

Lustprinzip	Realitätsprinzip
Ein Organismus sucht Lust und meidet Schmerz. Reich nennt das den Primärprozeß im Unbewußten. Im Sinne der Bioenergetik bedeutet das: 1. ein Sichöffnen (je offener man ist, desto mehr Lust spürt man). 2. Ausdehnung ist Lust 3. Loslassen jeglicher Spannung 4. Selbst-Äußerung und Äußerung von Gefühlen Bewegung von der Mitte unseres Seins nach außen ist Lust. Bewegung von außen nach innen ist Unlust. Eine Blockierung an irgendeinem Punkt dieser Bewegung kann als Schmerz empfunden werden.	Die Bioenergetik gehört zum Konzept des Realitätsprinzips: 1.Erdung - Bewegung nach unten, um besser in Kontakt mit der Realität zu sein. Dieses Konzept interessiert sich erst einmal nicht dafür, ob das zu Lust führt. Es kann auch Schmerz zur Folge haben, führt aber schließlich zu mehr Lust. 2.Annahme bestehender Verspannung (bei dem Gefühl bleiben, bis man es versteht). 3.Ein der Realität entsprechendes Halten (bzw. Kontrolle). Auch Wahl des richtigen Augenblicks - wissen, wann es angemessen ist, etwas zu tun, nicht nur des unmittelbaren Lustgewinns wegen. 4.Desillusionierung: Vom Ich zum Grund gehen oder vom Ich zum Körper, zur Sexualität, Erde oder Natur.
Lust Unlust	Ich Grund

Entwicklung hin zu transpersonalem Wachstum und ontologischer Sicherheit möglich ist. Diese bipolaren Prinzipien werden hier als primäre Funktionen des undifferenzierten Selbst in der Kindheit verstanden; sie ergänzen die Überlebensbedürfnisse der ersten Lebensjahre. Sie werden dann zum Problem, wenn die Widersprüche zwischen vegetativer Aktivität und Zivilisationseinflüssen zu einem bestimmten Grad von Kontrolle und Unterdrückung führen. Dieser bipolare Charakter von Lust und Realität ist der Ursprung eines Großteils des bei der Körperarbeit hochkommenden und in den inneren Bildern symbolisierten Materials. Die in diesem Buch angeführten Beispiele aus Therapiesitzungen veranschaulichen den Kampf, den die Betroffenen bei dem Versuch ausfechten müssen, die offensichtlichen Widersprüche zwischen Lust und Realität miteinander zu vereinbaren.

Kapitel 7

Gestalt-Therapie

Einleitung

Die von Frederick Perls entwickelten Konzepte und Methoden der Gestalt-Therapie sind wesentliche Elemente meiner Arbeit mit der Kreativen Trance. Perls war Schüler von Horney, Reich und Binswanger. Das heißt also, daß er nicht nur einen klassischen analytischen Hintergrund hat, sondern darüber hinaus auch mit den existentiellen Psychotherapeuten zu tun hatte. Der Kulminationspunkt seines Lebens war die Gestalt-Therapie. Perls Arbeit und Vorstellungen leiten sich nicht von Kohler und den Gestalt-Theoretikern des frühen 19. Jahrhunderts ab, obschon diese offensichtlich einen gewissen Einfluß auf seine Konzepte ausgeübt haben.

Das für meine Zwecke herausragendste Merkmal der Gestalt-Therapie ist die Methode der Identifizierung von Introjektionen, Projektionen und Retroflexionen. Diese Funktionen werden in der Gestalt-Therapie folgendermaßen definiert (Reihenfolge wie oben): Identifizierung mit und Übernahme von Material, das in seiner aktuellen Form nicht integrierbar ist; Ablehnung von Teilen seiner selbst, die als von außen kommend und auf einen selbst gerichtet erlebt werden; Prozeß, bei dem das eigene Verhalten wieder gegen sich selbst gewendet wird.

Perls hat drei primäre Ebenen der Energieökonomie beschrieben: die Implosion, die das Resultat festgehaltener und gegen sich selbst gerichteter Energie ist (z.B. Magengeschwür); der Impasse, d.h. eine Krise, zu der es kommt, wenn befürchtet wird, daß diese blockierten Energien nach außen verlagert werden könnten; die Explosion, die das nach außen gerichtete, expressive Hervorbrechen dieser Energien darstellt.

Die Implosion ist durch Schmerz gekennzeichnet, der Impasse durch Leblosigkeit, Gefühlsmangel und Kontaktverlust, die Explosion durch ein Handeln im Dienste der Bedürfnisse der betroffenen Person - oftmals ein Abreagieren. Die Implosion ist eine Folge von Introjektionen, Projektionen und Retroflexionen - alles Prozesse, die zur Fragmentierung des Selbst führen. Die Impasse ist auf die Angst vor "katastrophalen Konsequenzen" zurückzuführen, auf die irrationale Annahme, daß ein Kontrollverlust nur zu Wahnsinn und Tod bzw. zur Verletzung von anderen führen kann. Das Vermeidenwollen der Katastrophe führt zu Schuldgefühlen, die mit einer kontrollierten Angst vermischt sind. Die *Explosion* ist auf die Vervollständigung einer Gestalt zurückzuführen, in Verbindung mit gesteigertem Bewußtsein, Kontakt mit dem Selbst und der Umwelt sowie dem, was Perls "Verantwortung" genannt hat. Sie wird als die Fähigkeit definiert, hier und jetzt die volle Verantwortung für sein Verhalten, seine Geschichte und Probleme zu übernehmen.

Perls hat den Neurotiker als einen Menschen definiert, der unfähig ist, genügend Bewußtheit und ausreichenden Kontakt mit der Hier-und-Jetzt-Realität zu entwickeln, um mutig und umfassend zu handeln, der Direktheit meidet und statt dessen andere verantwortlich macht, jammert, bettelt, nörgelt etc. - im allgemeinen Verhaltensweisen, die die Verantwortung auf das Nicht-Selbst abschieben, auf abgespaltene Teile des Selbst, auf andere Menschen, die Vergangenheit, das Schicksal. Er hat Verantwortung als den Schritt weg von der Unterstützung durch die Umwelt definiert, um Identität und Anerkennung zu finden.

Die Gestalt ist eine Figur-Grund-Beziehung. Wenn man sich über das Verhältnis von Figur und Grund in sich im unklaren ist, entsteht Angst. Diese Angst wird verursacht durch einen Konflikt zwischen den eigenen Bedürfnissen und der Befriedigung der von außen an einen gestellten Erwartungen (durch die Umwelt - den Grund). Ein Mensch zum Beispiel, der von elterlichen Ansprüchen und Erwartungen beherrscht wird, ist nicht in der Lage, eine Gestalt aufzubauen, die mit den Bedürfnissen und Ansprüchen des Selbst harmoniert. Wenn man nicht klar zwischen den Bedürfnissen des Selbst und elterlichen Einflüssen unterscheiden kann, entsteht eine unklare, von dieser Unsicherheit und Angst beherrschte Gestalt.

Methode

Die dieser Methode zugrundeliegende Absicht ist, Projektionen, Introjektionen und Retroflexionen wiederzuerinnern, wiederzuerkennen und sich wiederanzueigenen (die Verantwortung für das damit zusammenhängende Verhalten zu übernehmen). Zu diesem Zweck führt die betroffene Person ein Zwiegespräch mit sich selbst. Die ein Problem bearbeitende Klientin sitzt einem leeren Stuhl gegenüber, und auf diesen leeren Stuhl projiziert sie Teile ihres eigenen Verhaltens, eine andere Person oder Inhalte eines Traums. Sie wechselt dann von einem Stuhl auf den anderen und tut so, als wäre sie die Stimme dieser projizierten Teile. Anschließend schaltet sie wieder auf die ursprüngliche Stimme oder die Stimme eines anderen Teils um. Ein Dialog zwischen einer Klientin und ihrer Mutter könnte zum Beispiel folgendermaßen verlaufen: "Ich möchte mich von deinen Erwartungen befreien." (Wechsel, jetzt aus der Sicht der Mutter.) "Du liebst mich nicht." (Wechsel) "Doch, ich liebe dich, aber du erdrückst mich." Implosion. (Wechsel) "Ich bin dir nichts wert." (Wechsel) "Ich weigere mich, deine Ansprüche zu akzeptieren, daß ich dir meine Liebe oder Wertschätzung beweisen muß." (Wechsel) "Dann vernichtest du mich." (Beginn des Impasse aufgrund einer möglichen Katastrophe infolge der Drohung der "Mutter".) (Wechsel) Explosion. "Dann bist du eben vernichtet, Mutter - und ich bin frei und muß mein Leben nicht mehr nach deinen Ansprüchen und Drohungen richten." Die Stimme der "Mutter" stellt die introjizierte Mutter dar. Dabei ist unwichtig, ob die wirkliche Mutter tatsächlich so spricht, denn das Problem wird durch die introjizierte Mutter verursacht.

Die Therapeutin zwingt die Klientin mit Hilfe "beabsichtigter Frustration", im Hier-und-Jetzt zu bleiben. Alles, was nicht Hier-und-Jetzt-Verhalten ist - Sprache, Vorstellungen, Bemerkungen - wird als Vermeidung, Probehandeln, Verzögerung, d.h. als neurotisch zurückgewiesen. Die Betonung der unmittelbaren Gegenwart zwingt die Klientin, sich mit den Gefühlen auseinanderzusetzen, die durch eine größere Bewußtheit und intensivierten Kontakt mit dem hervorgerufen werden, was *tatsächlich* geschieht, statt mit dem, was hätte passieren können oder sollen.

Dieser Zwang zur Unmittelbarkeit regt oft ein Wiedererinnern oder Wiederhochkommen dessen an, was durch fehlangepaßtes Verhalten verloren, ausgelassen, ignoriert, unterdrückt oder geleugnet worden ist. Die Polaritäten kommen wieder in ein besseres Gleichgewicht - es entsteht eine wahrere Gestalt. In der Gestalt-Therapie gilt das, was ausgelassen wird, als Schlüssel zu den Problemen der jeweiligen Person, ob es sich nun um bestimmte Gefühle, Wahrnehmungen, Erinnerungen, Handlungen oder die Unfähigkeit handelt, angemessen auf die Bedürfnisse des Selbst im Hier-und-Jetzt zu reagieren. Mit Perls gesprochen geht es um die Spaltung zwischen Über-Ich, das rechthaberisch, autoritär und anti-natürlich ist (Top

Dog) und "Under Dog", das defensiv ist und durch Hilflosigkeit gewinnt. Das Resultat ist Selbstquälerei, weil die betreffende Person zwischen widersprüchlichen Ansprüchen der beiden Iche hin- und herschwankt. Ähnlich wie bei Reich ist Perls Ziel, eine Wiederherstellung der Selbststeuerung zu erleichtern, die auf einer erhöhten Bewußtheit, Verantwortung und der Fähigkeit beruht, vom Selbst Unterstützung zu bekommen. Die "Ich-Grenze" muß erweitert werden, so daß eine Konfrontation mit der Umwelt als weniger riskant erlebt wird. Man fühlt sich sicher in einem größeren, vollständigeren psychischen Raum.

Für Perls "ist der Neurotiker ein Mensch, der sein Potential dazu benutzt, andere zu manipulieren, anstatt erwachsen zu werden; er übernimmt die Kontrolle, wird süchtig nach macht, immobilisiert Menschen in den Bereichen, in denen er selbst unfähig ist, seine eigenen Ressourcen zu nutzen. Das tut er deshalb, weil er die Spannung und Frustration nicht ertragen kann, die mit dem Eingehen eines Risikos verbunden ist."

Durch das Gestalt-Prinzip und die Gestalt-Methode, die einen Menschen in die Lage versetzen, die Verantwortung für das Abgeschnittene, Verzerrte, Verlorengegangene zu übernehmen, werden die abwesenden Teile des Selbst zurückgewonnen. Diese Methode ist ideal, wenn man mit inneren Bildern und dem Körper arbeitet, denn sie vermittelt unmittelbaren Kontakt und unmittelbare Identifizierung. Normalerweise kann die Klientin nicht mit dem Bein "sprechen", das infolge von Konversion bestimmte wichtige Erfahrungsaspekte darstellen kann. Mit Hilfe der Gestalt-Methode wird das möglich. Bei der Gestalt-Arbeit würde das Bein auf den leeren Stuhl gesetzt, und nach dem Wechsel würde die Klientin als ihr Bein sprechen. Es wird bewußt und zielgerichtet mit Projektion gearbeitet.

Ich brauche den leeren Stuhl bei meiner Arbeit nicht, der Dialog verläuft auch innerhalb einer Person sehr wirkungsvoll. Der Dialog wird beibehalten, ob die Klientin nun sitzt, liegt, steht, läuft etc. Was die Bilder betrifft, schlage ich einen Dialog vor zwischen der Klientin als Beobachterin und der Klientin, die den Inhalten der Bilder Stimme und Bewegung verleiht. Um ein Beispiel zu geben: "Ich sehe eine Giraffe." Leiterin: "Seien Sie die Giraffe." Als Giraffe: "Ich habe es satt, meinen Kopf zu riskieren für ein bißchen Spaß." Die antwortende Klientin: "Wenn du deinen Kopf nicht riskierst, hast du am Ende überhaupt nichts." etc. Unter Umständen offenbart sich die Giraffe schließlich spontan als symbolisierter Widerstand gegen den Anspruch der Eltern, im Beruf erfolgreich zu sein. Die Stimme der Beobachterin - als sie selbst oder als ein Objekt in den Bildern - fängt an, ihre Unabhängigkeit zu behaupten.

Kurz gesagt, die Gestalt-Methode ist eine Möglichkeit, den an dem Gesprächsprozeß beteiligten unterdrückten Elementen Stimme, Worte und Bewegung zu verleihen. Die Fallstudie in Kapitel 10 ist voll von solchen Beispielen. Ich habe hier natürlich keine umfassende Erklärung der Gestalt-Therapie als eigenständigem Bereich geben können, aber sie gehört zu den Hauptwerkzeugen der Kreativen Trance.

Kapitel 8

Methodik

Einleitung

In diesem Kapitel werden einige der Instrumente beschrieben, die für ein effektives Arbeiten mit Bilderleben, Körper und Geist eingesetzt werden. Diese Beschreibungen befassen sich eher mit dem Was als mit dem Wie, wobei es aber auch - wie bei jeder Regel - Ausnahmen gibt. Die Frage nach dem Wie würde eine sehr viel detailliertere Beschreibung der Techniken erfordern, die sich aus dem begrifflichen Instrumentarium ergeben und in vielen Fällen aus der Situation heraus entstehen. Es gäbe buchstäblich Hunderte von Techniken, die man beschreiben könnte.

Sinn und Zweck der Methode ist, die Aufdeckung der Inhalte von Psyche und Soma zu erleichtern, und zwar so, daß der Klient in die Lage versetzt wird, sich unmittelbar am Fluß des unbewußten und unterdrückten Materials zu beteiligen. Zu diesem Material gehören Erinnerungen, verdrängte Funktionen, Empfindungen, Gefühle und Vorstellungen. Es umfaßt außerdem - sowohl willkürliche als auch unwillkürliche - verstärkte somatische Aktivität. Die Methode stützt sich auf das Phänomen der inneren Bilder, die die primäre Quelle für das unbewußte Material sind und durch die es stimuliert wird. Die inneren Bilder sind außerdem für das beobachtende Bewußtsein das Mittel zur Kommunikation mit den Inhalten des Unbewußten. Mit Hilfe dieser Methode werden Ressourcen in Form von Energie und Assoziationen freigesetzt, die bis dahin dem Bewußtsein nicht zur Verfügung standen. Dieser Prozeß hat ein mehrfaches Ziel: (a) unerledigte Angelegenheiten, die von Traumata gekennzeichnet sind, befriedigend zu lösen; (b) latente Potentiale zu entdecken; (d) neue Perspektiven für Denken, Handeln und Kreativität zu eröffnen; (e) konkrete Veränderungen im zwischenmenschlichen und sozialen Bereich, die als erwünscht und vereinbar mit der Therapie und dem Wachstumsprozeß entstehen, zu unterstützen.

Die in diesem Kapitel beschriebenen Methoden stellen eine schematische Veranschaulichung der in diesem Buch umrissenen Konzepte dar. Durchführbarkeit und Effektivität des Gesamtprozesses hängen unmittelbar von dem allgemeinen Wissen, der Weisheit und Intuition des Leiters ab.

Gelenktes und spontanes Visualisieren

Gelenktes Bildern bedeutet, daß der Klient Bilder in sich entstehen läßt, deren Motive ihm von einer anleitenden Person vorgeschlagen werden. Diese Bilder können für ein bestimmtes Thema stehen oder sich auf einen bzw. eine Reihe von Gegenständen beziehen. Die in Kapitel 5 dargestellten, von Leuner und DeSoille benutzten Bilder sind repräsentativ für gelenktes Bilderleben. Für die Arbeit mit geleiteten Bildern kann es verschiedene Gründe geben:

a) diagnostische Gründe - z.B. das Bild eines Berges oder einer Wanderung von einer Wiese durch einen Wald hinauf zum Berggipfel, oder die Erkundung eines Hauses. Die Bilder legen die Existenz von Schichten nahe, die sich nach und nach entfalten und in Korrelation zu den Schichten der Persönlichkeit stehen.
b) Auseinandersetzung mit einem bestimmten psychischen Prozeß. Zum Beispiel mit der Animus-Anima-Funktion oder der Eltern-Kind-Beziehung oder dem chronologischen Alter bzw. den Abspaltungen.
c) Als "Starthilfe", wenn einer Klientin das Visualisieren besonders schwer fällt oder ein Klient extreme Angst vor dem Prozeß hat. In dem Fall wird ein neutrales Bild oder ein Bild mit einem sehr niedrigen Erregungspotential vorgeschlagen. Zum Beispiel wird die betreffende Person gebeten, sich eine Filmleinwand vorzustellen und dann abzuwarten, was dort passiert oder sich eine Sommerwiese vorzustellen.
d) Als Möglichkeit zur Angstdesensibilisierung und als Angstreiz, bei dem der Klient lernt, sich zu entspannen. In einer Serie von Bildern werden die Angstfaktoren allmählich gesteigert, so daß die Angstschwelle nach und nach gehoben wird, damit der Klient lernt, mit angstvollen Situationen umzugehen.

Das gelenkte Bilderleben kann insofern die ganze Zeit vom Leiter kontrolliert werden, als der Klient gebeten wird, sich auf das vorgeschlagene Material zu konzentrieren. Die zur Starthilfe gegebenen Bilder können aber auch eine Reihe von spontan erzeugten Bildern auslösen. In dem Fall kann der Anleiter dem Klienten erlauben, das weiterzuverfolgen, was jeweils hochkommt.

Spontanes Visualisieren bezieht sich auf Bilder, die auftauchen, wenn der Klient angewiesen wird, die Augen zu schließen und zu berichten, was er sieht. Der Anleiter gibt keinerlei Hinweise darauf, was der Klient sehen sollte. Von diagnostischen Interventionen abgesehen ist das die Methode, mit der die Kreative Trance am liebsten arbeitet. Dabei kommt mit Sicherheit das Material hoch, das für die psychische Verfassung und die spezifischen Problembereiche des Klienten zutrifft. Ich sehe bei meiner Arbeit keine Notwendigkeit, bestimmte Bilder vorzuschlagen, außer wenn ich mit Personen arbeite, die schwer Zugang zu ihren inneren Bildern finden. Ich ziehe das spontane Visualisieren auch deshalb vor, weil dem Klienten keine vorher festgelegten Annahmen übergestülpt werden.

Es ist möglich und wahrscheinlich und meiner Erfahrung nach auch üblich, daß ein für bestimmte Themen typisches Symbol trotzdem bei den einzelnen Menschen für etwas anderes steht. Es ist Manipulation und führt zur Verzerrung der spontanen Reaktionen, wenn ich für ein Thema ein bestimmtes Symbol vorschlage, das aber für die betreffende Person nicht zutrifft. Der Begriff Höhle zum Beispiel ist zu allgemein, um für sexuelle Assoziationen stehen zu können.

Eine solche Annahme könnte nur der Therapeut oder Leiter machen, der auf einer automatischen Übereinstimmung zwischen Höhle und Sexualität beharren würde. Meiner Ansicht nach ist das verkürzt und ein gutes Beispiel für eine inakzeptable Umgehensweise mit inneren Bildern in der analytisch orientierten Therapie. Wenn die in den Bildern spontan auftauchende Höhle sexuelle Konnotationen hat, werden sie sich offenbaren. Es ist unnötig, aus diesem Prozeß einen Glaubenskampf um richtig oder falsch zu machen, der den Therapeuten in seinen Vermutungen über Bedeutung und Realtität unterstützt.

Die diagnostische Komponente

Wie die folgende Zusammenfassung einer Fallstudie zeigt, enthält die Arbeit mit inneren Bildern und mit Körperfunktionen fortlaufende diagnostische Elemente. Dabei läßt sich im Verlauf einer Therapiesitzung relativ leicht zwischen der Arbeit mit inneren Bildern zu diagnostischen Zwecken und zur Auseinandersetzung mit den sich offenbarenden Problemen abwechseln.

BERICHT ÜBER DIE ARBEIT MIT FRED S. AB DEM 21.2.

Zusammenfassung - Persönliche Geschichte

Fred ist ein 39jähriger Amerikaner, der in den letzten neun Jahren in England gelebt hat. Er arbeitet als Journalist für eine bekannte internationale Zeitung, wobei er sich hauptsächlich auf die Bereiche Atomenergie, Öl und fortgeschrittene Computertechnik spezialisiert hat. Diese Arbeit führt ihn um die ganze Welt, sowohl in östliche als auch in westliche Länder. Nach einer zweijährigen Trennung läuft ab diesem Sommer seine Scheidung. Er hat drei Kinder im Alter von neun, acht und sieben Jahren, zu denen er weiter eine gute Beziehung hat.

Hintergrund

Er ist der einzige Sohn irisch/amerikanischer Eltern. Ein Großteil seiner Probleme stammt aus seiner frühkindlichen Beziehung zu diesen Eltern. Als Fred klein war, war sein Vater im kriminellen Milieu tätig. Er hatte sich auf Schmuggelgeschäfte und damit zusammenhängende Aktivitäten spezialisiert, einschließlich Mord, Folter, Erpressung etc. Der Vater wollte, daß sein Sohn in seine Fußstapfen treten sollte. Das bedeutete, daß der Vater etwa ab Freds drittem Lebensjahr alles in seiner Macht stehende tat, den Sohn auf das Familienhandwerk hin zu erziehen. Zu diesem Zweck wurde er einerseits unmittelbar der Aufsicht des Vaters unterstellt und überall mit hingenommen, wobei er unter anderem Zeuge der obengenannten Brutalitäten des Vaters wurde, mit ihm vor der Polizei floh, in Kontakt mit anderen Verbrechern kam etc. Es bedeutete andererseits, endlos von seinem Vater verprügelt zu werden, der ihn "hart machen" wollte, von seinem Vater mit dem Tode bedroht zu werden, weil er nicht hart genug sei, boxen lernen zu müssen sowie sexuell von seinem Vater mißbraucht zu werden. Die Apotheose dieser "Ausbildung" bestand darin, daß er im Alter von vier Jahren von seinem Vater gezwungen wurde, sich handgreiflich mit einem Messer an der Ermordung eines erwachsenen Mannes zu beteiligen.

Zu seiner Mutter hatte Fred eine sehr passive Beziehung, seine ganze Erziehung war offensichtlich stark von seinem Vater bestimmt. Die Mutter hatte im wesentlichen die Aufgabe, ihm zu essen zu geben und für die körperlichen Notwendigkeiten wie Kleidung etc. zu sorgen. Er bekam kaum mütterliche Zuwendung von ihr, weder körperlicher noch sonstiger Art, sondern auch sie mißbrauchte ihn vielmehr sexuell. Ihr Verhalten Fred gegenüber war gekennzeichnet von starker Verachtung, Spott und Kälte.

Das machte ihn verständlicherweise zu einem Mann mit tief unterdrückter Panik und Wut und einem starken Gefühl der Entfremdung Frauen gegenüber.

Therapeutische Geschichte

Fred hat in den vergangenen sechs bis acht Jahren fortlaufend verschiedene Arten von Therapie gemacht. Zu Anfang, vor etwa zwölf Jahren, machte er zweieinhalb Jahre lang eine Psychoanalyse. Vor etwa acht Jahren begann er eine Therapie, die unter anderem mit LSD arbeitete. In den zweieinhalb Jahren, die diese Therapie dauerte, nahm er etwa 120mal LSD. Danach arbeitete er etwa ein Jahr lang mit einem Psychoanalytiker, der den Ansatz vertrat, mit Hilfe der Analyse im Körper blockierte Wachstumskräfte freizusetzen. Als dieser Analytiker starb, begab Fred sich bei einer Reichianisch orientierten Therapeutin in Behandlung, die hauptsächlich mit der Vegetotherapie arbeitete. Diese Therapie dauerte etwa drei Jahre, er zog dann mit dieser Therapeutin, mit der er eine Liebesbeziehung hatte, zusammen. Etwa im November 1972 endete sowohl die Therapie als auch die Beziehung.

Ich traf Fred zum ersten Mal im Mai 1972 bei einem meiner Workshops. Er nahm erklärtermaßen an dieser Gruppe teil, um sich mit seiner hartnäckigsten bewußten Angst auseinanderzusetzen, nämlich, daß er jemanden umbringen würde, wenn er "loslassen würde". Im Verlauf der Gruppe kam er mit extremer Wut in Kontakt, und mit meiner Unterstützung und der der Gruppe, war es ihm möglich, das Verlangen zu töten in einer Umgebung zu erleben, in der er körperlich unter Kontrolle war und deshalb diese Gefühle hochkommen lassen und zum Ausdruck bringen konnte. Für ihn war das ein Meilenstein in seiner Entwicklung. Ich hörte dann erst wieder von ihm, als er mich anrief und sich nach Einzeltherapie erkundigte. Angesichts unserer beider Terminpläne kamen wir überein, im Februar 1973 mit der Therapie anzufangen.

Körpergeschichte

Fred ist 1,85 m groß und 87 kg schwer. Er hat einen sehr großen Brustkorb, breite Schultern und kräftige Oberarme, aber schmale Handgelenke und kleine Hände. Er hat einen kräftigen Stiernacken und einen großen Kopf. Sein Gesicht ist mondförmig, er hat ein kleines Kinn und eine schmale Oberlippe. Bei unserem ersten Gespräch im Februar hatte er tiefliegende, eingesunkene Augen, die einen relativ leblosen Ausdruck hatten. Seine Hautfärbung reichte von blaß bis rot erhitzt, wenn er aufgeregt war, bekam er überall im Gesicht und Nacken tiefrote Flecken. Er hatte ein schmales, enges Becken, ein ziemlich flaches Gesäß und im Knöchelbereich eher dünne Beine - verglichen mit seinem Oberkörper war seine untere Körperhälfte allgemein klein. Im Verhältnis zu seinem Oberkörper erschienen die Füße klein, er hatte Spreizfüße.

Kurz gesagt, er hatte ähnliche Körperproportionen wie ein anderthalb- bis zweijähriges Kind, bei dem die Extremitäten im Verhältnis zum Kopf und Rumpf unterentwickelt sind. Er hatte eine sehr mißmutige, hohe und brechende Stimme, die sich anhörte, als käme sie aus dem oberen Kehlkopf und als wäre sie ständig verschleimt. Er hatte im Grunde die Stimme eines heranwachsenden Jungen zu Beginn der Pubertät, gelegentlich rutschte sie eine Tonlage tiefer, meistens zitterte sie. Die folgenden Auszüge sind eine Beschreibung unserer Arbeit von Februar bis heute, einschließlich Tonbanddialog und Kommentar.

Krankengeschichte

Fred bekommt sehr leicht Erkältungen und hat generell wenig Energie; vor etwa acht Jahren bekam er zum ersten Mal einen Kolitisschub, seitdem hat sich die Krankheit verschlimmert. Die Kolitis ist die eher körperliche Symptomatologie, es ist ein organischer Zustand. Er ließ sich wegen der Kolitis schulmedizinisch behandeln, aber ohne Erfolg. Seit etwa einem Jahr, etwa seit März 1973, bekommt er Akupunktur, und die Akupunktur zusammen mit der therapeutischen Arbeit mit mir scheint sich positiv auf die Kolitis auszuwirken sowie auch auf seinen allgemeinen Energiehaushalt.

Tonbandaufzeichnung der Sitzung von 21. Februar:
Ich bat Fred, ein bißchen auf der Stelle zu hüpfen, einfach um seine Gesamtbeweglichkeit zu erhöhen. Danach sollte er sich hinlegen und berichten, was er fühlt. Es folgen einige Auszüge aus dieser Sitzung, bei der ich mit einer Kombination aus Bewegungsübungen, freiem Assoziieren und gelenkten Phantasieübungen arbeitete - Methoden, die ich auch in den weiteren Sitzungen mit ihm anwende. Als erstes die Hüpfübung:

Fred: Am meisten war ich mir meiner Beine bewußt. Ich fühle mich sehr steif ... was ich früher mit LSD gemacht habe, kommt jetzt wieder hoch ... mein Vater hat mich einmal mit dem Auto über einen Feldweg gejagt ... ich saß vor dem Auto in der Falle.

Jay: Spüre jetzt in deine Beine oder Füße hinein.

Die Mobilisierung bringt unmittelbar eine traumatische Erinnerung wieder hoch, die mit der Panik verknüpft ist, der Vater könnte den Sohn töten. Das zeigt sich sowohl in dem Erinnerungsbild als auch im Körper, besonders in den Füßen, die flatterten, d.h. die Empfindung zu laufen, trat sofort und unwillkürlich auf.

Jay: Versetze dich in deine Füße, so wie bei der Gestalt-Arbeit.

(Man kann die Gestaltmethode so nicht nur zur Wiederaneignung von Projektionen, sondern auch von körperlichen Introjektionen benutzen. Indem der Klient sich in die Füße hineinversetzt, wird die Aufspaltung von Körper und Geist unmittelbar überbrückt und die Erfahrung integriert. Dabei geht man von der Annahme aus, daß die verdrängten Gefühle wieder hochkommen und man sich mit ihnen auseinandersetzen kann.

Fred: Ich versuche zu laufen, aber ich kann mich nicht schnell genug bewegen ... bin zu schwer, zu langsam ...

Dabei wurde Freds Atmung flacher und seine Haut rötete sich, was darauf schließen ließ, daß er versuchte, die Angst zu kontrollieren um zu verhindern, von der drohenden Katastrophe überwältigt zu werden.

Jay: Was passiert, wenn du nicht schnell genug läufst?
Fred: Ich werde überfahren.

An dieser Stelle wird mir klar, daß es absolut angemessen ist, Phantasievorstellungen zur Überbrückung zwischen unwillkürlichen Körperreaktionen und bewußtem Erleben zu benutzen. Ich schlage Fred einen "Helfer" vor - dabei handelt es sich um eine Methode, die es dem Klienten erleichtern soll, sich im Organismus blockierte Energie zunutze zu machen. Es ist eine Art geistiger Flipflop, bei dem die betreffende Person nicht aufgefordert wird, mehr Energie zu erzeugen - was sie braucht, um sich der Angst stellen zu können-, sondern sich vorzustellen, sie hätte einen Verbündeten an ihrer Seite (wie Castanedas Don Juan). Genau so funktioniert meiner Ansicht nach der Phantasieprozeß: Energie wird mit Hilfe der Vorstellungskraft umgewandelt.

Jay: Stell dir irgendeine Situation vor, in der du das Kommando übernehmen und den Spieß umdrehen kannst.

Fred: Ich sehe mich in einem anderen Auto sitzen und meinen Vater verfolgen. Diesmal fahre ich, und er rennt. Es gibt mir ein gutes Gefühl - das ist jetzt die Rache, jetzt sage ich: Na, wie fühlst du dich? Du hast bestimmt verdammt viel Angst.

Es finden noch sehr viel mehr Zwiegespräche statt, in denen Fred sich seinen Vater gegenüber in einer Machtposition fühlt, wobei seine Stimme gelegentlich erregt klingt, was zu Anfang nicht der Fall war. In seiner Phantasie dreht sich der Vater schließlich um und konfrontiert ihn - er sagt, Fred habe gar nicht den Mut, ihn zu überfahren, und ignorierte ihn. Diese Szene bringt Freds Gefühl der generellen Machtlosigkeit deutlich zum Ausdruck.

Fred: Ich fahre ihn um! Ich sehe, wie er schreit, wie er mich entsetzt und ungläubig anguckt. Ich spüre den Stoß, als der Wagen ihn anfährt, und ich sehe das Blut spritzen. Ein gutes Gefühl.

Fred sagt, er fühlt sich gut dabei, daß er seinen Vater überfahren hat, aber sein Verhalten beweist das Gegenteil. Es ist ganz offensichtlich, daß er noch nicht in der Lage ist, seine Wut zu spüren und vor allem, die möglichen Konsequenzen zu sehen, d.h. daß er seinen Vater tötet. Die angstbedingte Bedürftigkeit und Bindung an den Vater sind noch zu groß. Seine Stimme ist inzwischen flach und monoton geworden, sein Atem geht langsam und regelmäßig, in seinem Körper ist keinerlei Bewegung. Er redet viel darüber, daß er seinen Vater haßt und ihn töten will, aber er zeigt auf keiner Ebene eine Gefühlsregung. Freds Körpergefühl konzentriert sich jetzt hauptsächlich in seinen Händen und Armen, ein Faktor, der in späteren Sitzungen noch sehr wichtig wird. Er fängt spontan an, mit beiden Händen auf die Matte zu schlagen und sagt dabei: "Ich hasse dich. Ich werde dich umbringen." Bald wird er müde. Er fängt an, darüber zu sprechen, daß er "cool" sein muß und daß sein Vater ihn immer verspottet hat, weil er sich nicht gehenlassen konnte. Das ist ein Double-bind: Um die Anerkennung seines Vaters zu bekommen, muß er seine Wut herauslassen, was sein Vater für männlich hielt, was für Fred aber bedeutet, daß er versuchen würde, seinen Vater zu töten. Dieser Double-bind hat ein lähmendes Gefühl der Machtlosigkeit zur Folge, ein Ruhigstellen des gesamten Organismus und hängt meiner Ansicht nach mit seiner Kolitis zusammen, d.h. mit der verschütteten Wut und Angst.

Fred: Ich habe es einfach immer so hingenommen, daß ich nie die Anerkennung meines Vaters gewinnen würde.

Inzwischen ist Freds Stirn stark angespannt, und die Adern an der linken Schläfe pulsieren schmerzhaft. Mit Hilfe gelenkter Phantasie versuchen wir, in Freds Kopf zu erkunden, was sich hinter dem Schädeldruck verbirgt.

Fred: Ich sehe, wie ich meine Hände *zurückhalte* - kann sein, daß ich ein Gewehr halte, vielleicht sind es aber auch nur meine Fäuste.

Der Eindruck, den seine Hände machten, stimmte mit dieser Aussage nicht überein. Ich schlug ihm vor, sich in seine Hände hineinzuversetzen. Die Hände schienen etwas zu suchen, und mit Hilfe seiner Phantasie erlebte er dieses Suchen. Inzwischen zeigte sich ein offensichtlicher Konflikt zwischen dem verinnerlichten Druck in seinem Kopf und dem widersprüchlich offenen Verhalten seiner Hände. Es zeigte sich, daß die Hände versuchten, "sich warm zu machen". Diese Sequenz zeigte deutlich Freds Gespaltenheit zwischen seinem gewöhnlichen Verhalten, d.h. dem Verdrängen seiner destruktiven Gefühle, und dem Bemühen, sich selbst Halt zu geben, d.h. sich selbst zu "wärmen" und aufzubauen. Inzwischen fingen seine Hände an, sehr kalt zu werden, was er als hochkommende Angst identifizierte. Ich schlug vor, er solle die Angst weiter hochkommen lassen und sie nicht mit seinem üblichen Verhalten wegdrücken. Er hatte in dem Moment den Impuls zu rennen.

Fred: Ich wurde dazu erzogen, ein Kämpfer zu sein, mutig zu sein, und ich glaube ... ich dachte, ich wäre es, aber ich glaube, in

Wirklichkeit wollte ich wegrennen, also habe ich mich abgehärtet, stahlhart gemacht.

Diese Ausdrucksweise ist charakteristisch für Fred, sie wiederholt sich ziemlich oft. Sie bringt die charakterologische und physiologische Panzerung zum Ausdruck, die sich in seinem Körper zeigt. Inzwischen ist deutlich geworden, daß er sich hauptsächlich in den Schultern, im Unterleib und den Gesäßbacken hart macht. Kurz gesagt; Er versagt sich die unwillkürliche Bewegung des Austoßens und Loslassens. Er hat in diesem Moment das Gefühl, vier Jahre alt zu sein. Als ich ihn frage, wo seine Mutter ist, weiß er es nicht. Sein stärkster Impuls ist, von seiner Familie wegzulaufen. In dem Moment kommt ein Gefühl der Scham hoch.

Fred: Ich spüre so eine Art Schamgefühl, so als müßte ich wissen, wo meine Mutter ist, damit ich zu ihr hinlaufen könnte, aber ich weiß, daß das nicht geht, und ich schäme mich.

Ich ermutige Fred, mehr über seine Beziehung zu seiner Mutter zu sprechen, vor allem wegen seines Gefühls, instinktiv eine Mutter haben zu sollen, zu der man hinlaufen kann, sich aber gleichzeitig nicht daran erinnern konnte, jemals wirklich zu seiner Mutter gelaufen zu sein, wenn er in Not war. Auch in den vorherigen Sitzungen sprach er immer nur über seinen Vater und bestand darauf, daß seine Mutter keine Rolle spielte. Als ich ein anderes Mal vorschlug, daß wir uns ein wenig auf seine Mutter konzentrieren, lenkte er seine Erinnerung immer wieder auf seinen Vater. Es war offensichtlich, daß er die Beziehung zu seiner Mutter noch tiefer verdrängt hatte und daß sie noch traumatischer war. Wenn er doch über sie sprach, dann immer mit flacher, monotoner Stimme, aber er erinnerte sich selten an etwas, was er hätte erzählen können. In dieser Sitzung sprach er mit ihr; sie lachte über ihn.

Fred: ... und ich weiß nicht, wie ich reagieren soll ... aber ich verstehe nicht, wo der Witz liegt.
Jay: Was findet sie komisch an dir?
Fred: ... sie macht sich über meinen Penis lustig, weil er so klein ist.

Ich bitte ihn, sich seine Mutter vorzustellen und ihr in die Augen zu sehen. Das ist eine Möglichkeit, die Qualität des Kontaktes zwischen den beiden zu beurteilen.

Fred: Es fällt mir sehr schwer, ihr in die Augen zu sehen - wenn ich es tue, läuft mir ein Schauer über den Rücken ... mir wird irgendwie kalt ...

Jay: Von wo in dir kommt dieser Schauer?

Wieder versuche ich, mit Hilfe der gelenkten Phantasie eine Verbindung herzustellen zwischen der Erinnerung, den aktuellen Gedanken und Bildern und mit dem in Kontakt zu kommen, was in seiner Körperstruktur internalisiert ist, um eine integrierte Erfahrung zu erleichtern.

Jay: Geh noch einmal zu dem Schauer zurück. Anstatt zu tun, was deine Mutter gut finden würde, sei diesmal einfach ungezogen.

Fred: Na ja, sie würde wütend auf mich werden, weil ich mir immer in die Hose gemacht habe, wenn ich innerlich sehr doll gezittert habe, und sie mußte es dann wieder sauber machen.

Das ist zweifellos der Kristallisationspunkt von Freds langem Hämorrhoidenleiden und seiner schließlichen Kolitis.
Ende der aufgezeichneten Sitzung.

Wie an diesem Beispiel deutlich wird, führt die diagnostische Komponente zu den folgenden Informationen: (a) Somatische Informationen - Atmungsfaktoren, Mobilität, muskuläre Blockierungen, Schmerzen, Funktionsstörungen, innerorganische Probleme einschließlich Organfunktion, Kreislauf, Hauttonus; kumulative Auswirkungen von Verletzungen, die er als Kind und als Erwachsener erlitten hat, Operationen, schwere Krankheiten. (b) Psychologische Informationen - Art der Widerstände und Funktion der Abwehrmechanismen; ungelöste Traumata; unentwickelte Potentiale; Beziehung zu den Eltern; Eltern-Kind-Beziehung; sexuelle Dynamik; zwischenmenschliche Dynamik; Lustvermögen und Fähigkeit, mit der Realität fertig zu werden; Fähigkeit, Energie zu halten und zu entladen. Diese Aufzählung ist unvollständig, aber repräsentativ.

All das offenbart sich in der Sprache und in dem Bezugsrahmen, den die betreffende Person wählt. Es werden spontan persönliche Informationen geäußert, die betreffende Person kann diese Informationen untersuchen und auswerten und entsprechende Entscheidungen treffen. Sie ist nicht davon abhängig, daß der Therapeut ihr die zutreffende Wahrheit über das Erlebte anbietet.

Mit Hilfe der Gestaltarbeit kann die betreffende Person Sinn und Zweck der Symbolisierung aufdecken. Zum Beispiel: "Ich sehe eine Glaswand in meiner Kehle." Therapeut:"Versetze dich in die Wand, und dann erzähle mir etwas über dich." "Ich (die Glaswand) bin hier, um dafür zu sorgen, daß du nicht zu verletzlich wirst." (Zwiegespräch zwischen Mensch und Glaswand) "Aber ich will dich nicht haben, du behinderst mich." (Als Glaswand) "Du würdest völlig zusammenbrechen, wenn ich nicht hier wäre." Bei der weiteren Arbeit ging es darum festzustellen, wie groß sein Bedürfnis nach einer solchen Glaswand (der symbolisierten Angst vor Verletzlichkeit) war und wie weit sie zurückreichte. Physiologisch gesprochen hatte dieser Klient eine starke Blockierung im Halsbereich - starre Hals- und Nackenmuskeln, die ihn daran hinderten, mit Angst, Hingabe, Weinen und Wut verknüpfte starke Gefühle zu spüren und zum Ausdruck zu bringen.

Die diagnostische Phase findet unter Anleitung statt, um Sinn und Zweck der Blockierung, die Konsequenzen ihrer Beseitigung, die Geschichte ihrer Entstehung und ihre aktuelle Bedeutung für die betreffende Person herauszufinden und um festzustellen, welche Art von Arbeit notwendig ist, um sich annähernd mit ihr auseinanderzusetzen. Oft kann man sich erst dann direkt mit der Blockierung befassen, wenn vorher einige vorbereitende Schritte unternommen wurden, um ungenutzte Energie zu entladen, positive Aspekte des Selbst aufzubauen und sich gründlich mit der Beziehung der jeweiligen Blockierung zur übrigen Persönlichkeit auseinanderzusetzen. Die diagnostische Phase dauert oft genauso lang wie oder sogar länger als die eigentliche Arbeit an der Blockierung.

Diese Auseinandersetzung ist von entscheidender Bedeutung, und zwar aus dem einen wesentlichen Grunde, daß die unmittelbare Konfrontation mit der Blockierung normalerweise tiefgehende Reaktionen bzw. entsprechendes Abreagiern sowie möglicherweise Persönlichkeitsveränderungen hervorruft. Eine angemessene Auseinandersetzung und Vorbereitung stellt sicher, daß die jeweilige Person sich nicht ahnungslos mit der Blockierung konfrontiert und blind reagiert - sie kann die Verantwortung für die anschließenden Auswirkungen tragen, weil sie die Vergangenheit, die Blockierung und die Zukunft verstehen und einschätzen kann, ebenso wie die Veränderungen, die eine Beseitigung der Blockierung nach sich ziehen wird. Außerdem kann die betreffende Person sich die Veränderungen dann selbst zuschreiben. Der Therapeut bekommt Anerkennung für seine Unterstützung, seine Präsenz, seine Sensibilität und sein Fachwissen, aber die eigentliche Arbeit wird nicht ihm angerechnet. Das verringert die Abhängigkeit und die Expertengläubigkeit und hält außerdem die Übertragungsfaktoren möglichst gering.

Hervorrufen der inneren Bilder

Das Auslösen des Bilderlebens folgt bestimmten Verfahren, die dazu dienen, bestimmte Informationen zu erhalten. Bestimmte Verfahren stimulieren zum Beispiel Bilder auf Streßniveau, die dann einen Hinweis darauf geben, wie die betreffende Person Streß intrapsychisch verarbeitet. Darüber hinaus bin ich davon überzeugt, daß Aspekte des Selbst sich nur auf ganz bestimmten Ebenen der Energiemobilisierung zeigen. Es folgt ein kurzer Abriß einiger der benutzten Methoden. Der Abriß ist stark vereinfacht und kennzeichnend für die Arbeit mit gelenkten Bildern. Bei nicht gelenktem Bilderleben tritt wahrscheinlich jede der hier kurz umrissenen Phasen auf, allerdings spontan.

Bei allen folgenden Beispielen wird im geeigneten Moment die Anweisung gegeben: "Schließen Sie die Augen, und erzählen Sie mir, was Sie sehen.“

Hervorrufen von Bildern bei vollem Bewußtsein ohne jegliche Intervention zur Veränderung des Normalzustandes.

1. Nach verbalen Stichworten, wie z.B.: “Ich fühle mich wie ein rostiger Topf.” Die Anweisung würde in dem Fall lauten, sich einen rostigen Topf vorzustellen, oder festzustellen, wo im Körper ein rostiger Topf sitzt etc.
2. Nach einer Körpergeste, die typisch ist für die gewohnheitsmäßige Körpersprache der betreffenden Person. “Schließen Sie die Augen, wenn Sie diese Geste machen, und achten Sie darauf, was Sie sehen.”
3. Nach einem Gefühlsausbruch (z.B. Weinen etc.)
4. Nach einer Bemerkung über den Therapeuten bzw. Leiter oder einer bestimmten Reaktion auf ihn. Z.B. “Ich scheine Sie zu langweilen.” “Ihre Stimme frustriert mich.”

Hervorrufen von Bildern nach von gezielten Veränderungen des Normalverhaltens, der normalen Energieebene und Erregung

1. Nach Körperübungen, die die Erregung vergrößern, die Atmung vertiefen und die Beweglichkeit erhöhen sollen - nach wie vor im Rahmen willkürlicher Kontrolle. Die Anweisungen, Bilder zu "sehen", erfolgen, solange die betreffende Person noch im Zustand der Erregung ist.
2. Nach Körperübungen, die eine tiefe Entspannung herbeiführen, den Stoffwechsel verlangsamen und die Bewegung verringern sollen. Die Umgebung kann nach Bedarf ebenfalls verändert werden hinsichtlich Beleuchtung, Hereinlassen oder Abschirmen von Außengeräuschen, Zudecken der betreffenden Person mit Decken, um die Wärme und das Gefühl des Gehaltenwerdens zu vergrößern sowie im Hinblick auf weitere relevante Faktoren. Nach wie vor willentliche Kontrolle.
3. Nach Körperübungen, die unwillkürliche Reaktionen auslösen - körperlicher oder emotionaler Art oder eine Mischung aus beiden. Ähnelt dem Erregungsverhalten des Abreagierens, ist aber weniger intensiv oder überwältigend. Die Übungen können den ganzen Körper einbeziehen oder sich auf einzelne Bereiche konzentrieren - Beine, Arme, Becken, Brust oder Kopf. Die Reaktion ist zwar unwillkürlich, erfordert aber die Mitarbeit der betroffenen Person. Die Reaktion kann durch eine Verweigerungshandlung unterbrochen werden, z.B. durch Veränderung der Körperstellung oder Rückzug auf die Verbalebene.
4. Nach einer intensiven unwillkürlichen Reaktion - beinhaltet auch eine Phase der Ich-Transzendenz. Das Unterscheidungsvermögen wird vorübergehend überwältigt, und der Ausbruch von Bewegung und Affekt kann von der betreffenden Person nicht unterbrochen werden. Diese Phase dauert normalerweise von unter einer Minute bis zehn Minuten. Die Auseinandersetzung mit den Bildern erfolgt in der ausklingenden Phase des Ausbruchs, wenn die Ich-Kontrolle langsam zurückkommt.

Hervorrufen von Bildern im Gruppenrahmen

1. Alle obengenannten Faktoren treten auch im Rahmen einer Gruppe auf bzw. werden in Gruppen eingesetzt, wenn es angemessen ist.

2. Wenn bei Interaktionen zwischen Gruppenmitgliedern ein Impasse entsteht, kann der Therapeut mit der Aufforderung eingreifen, der eine oder beide Teilnehmer sollen in sich gehen und sich auf ihre inneren Bilder konzentrieren. Dieser Rückzug kann im wesentlichen einer diagnostischen Überprüfung des Impasse dienen oder aber bis zu einer gewissen Lösung fortgesetzt werden, wonach der Dialog wieder aufgenommen wird.

Hervorrufen von Bildern in der Einzelarbeit oder im Gruppenrahmen mit äußeren Hilfsmitteln

Jeder für die den Teilnehmer äußerliche - natürliche oder künstliche - Gegenstand kann dazu benutzt werden, den spontanen Bilderfluß anzuregen und auszulösen. Alle obengenannten Beispiele bezogen sich entweder auf intrapsychische Stimulierung oder waren das Ergebnis der Präsenz einer anderen Person. Wenn man das Bilderleben als eine Form greifbarer Projektion betrachtet, die bewußt gemacht wird, ist offensichtlich, daß es sich bei der intrapsychischen und zwischenmenschlichen Stimulierung (creative image formation, C-I-F-) um die Aktivierung von Projektions- und Introjektionsfunktionen handelt.. Wenn mit äußeren Gegenständen gearbeitet wird, werden beide Fähigkeiten zielgerichtet eingesetzt: zuerste eine gelenkte Projektion, dann eine selektive Introjektion, anschließend konzentriert man sich auf die sich ergebenden Bilder und den damit einhergehenden Affekt. Zu diesem Zweck können buchstäblich Dutzende von Techniken entwickelt werden, im folgenden werden einige repräsentative Techniken als beispielhaft für den Prozeß aufgeführt. Die Techniken können mit oder ohne Anleitung durchgeführt werden, oder der Therapeut kann der ganzen Gruppe allgemeine Vorschläge machen.

1. Arbeit mit künstlerischem Material: dabei kann es sich entweder um von anderen produzierte Kunst handeln (Arbeiten, die von anderen Teilnehmern der Gruppe geschaffen wurden), aus jeglichem Material, oder von der betreffenden Person selbst - entweder freie Zeichnungen, Tonarbeiten, Collagen oder angeleiteten Formen.
   a) Die Klienten werden gebeten, ihre Wahrnehmung in einer von verschiedenen Wahrnehmungsvarianten zu polarisieren: z.B. sich nur auf das zu konzentrieren, was ihnen spontan gefällt (oder mißfällt) (Projektionsakt), dann die Aufmerksamkeit zurückzu-

nehmen, die Augen zu schließen und auf die entstehenden Bilder zu achten: (Einsatz der Introjektionsfähigkeit).

b) Mit Polarisierung kann auch so gearbeitet werden, daß der Therapeut dem Klienten vorschlägt, sich etwas Vertrautes, Sinnliches, Bedrohliches oder Willkommenes auszusuchen, d.h. irgendein Gefühl oder eine Assoziation aus dem gesamten Pantheon des menschlichen Erlebens, sich mit dem Teil des Objekts zu identifizieren, das die Empfindung auslöst, die Aufmerksamkeit dann wieder zurückzunehmen und sich auf die Bilder zu konzentrieren. Dabei kann man mit suggestiven Äußerungen arbeiten, wie z.B.: "Suchen Sie nach einem Element, das Sie an Ihre Mutter oder irgendeine andere wichtige Bezugsperson in Ihrem Leben erinnert." "Konzentrieren Sie sich auf den Teil des Gegenstandes, der Sie an Ihre Mißerfolge oder Ihre Aspirationen oder Gefühle im Hier-und-Jetzt erinnert", etc.

c) Stellen Sie sich vor, wie Sie das Objekt gerne verändern würden, konzentrieren Sie sich auf die Empfindungen, die mit dieser Veränderung verknüpft sind (jetzt mit Hilfe der Phantasiekomponente C I F, ziehen Sie sich dann auf Ihr Bilderleben zurück.

d) Stellen Sie sich vor, Sie verwandeln den jeweiligen Gegenstand in einen anderen - künstlerischen oder sonstigen - Gegenstand, und achten Sie auf die Bilder, die mit der Umwandlung und dem nachfolgenden Affekt einhergehen.

e) Erspüren Sie die affektiven Elemente des Gegenstandes in Ihrem Körper - identifizieren Sie sich körperlich mit der Bewegung bzw. Farbe, Linienführung, Gestalt, Beschaffenheit etc., und achten Sie auf die nachfolgenden Bilder.

Es dürfte offensichtlich sein, daß man mit Hilfe der Prozesse von Identifizierung, Rücknahme der Aufmerksamkeit, Bilderleben und den Techniken der Kreativen Trance mit jedem Kunstwerk stundenlang arbeiten kann. Ob mit oder ohne Anleitung, es ist immer ein Akt gewaltiger Selbstoffenbarung, sowohl aus diagnostischer als auch aus affektiver Sicht.

2. Arbeit mit natürlichen Materialien. - Das kann alles sein, was der Natur angehört: Steine, Blätter, Wasser, Belebtes oder Unbelebtes, Lebendiges oder Totes. Alle in diesem Abschnitt bisher aufgeführten Variationen sind Techniken, die in diesem Zusammenhang eingesetzt werden können.

3. Arbeit mit anderen künstlichen Materialien, die nicht in den Bereich der Kunst fallen. - Dazu gehört alles, was zu praktischen, dekorativen oder funktionalen Zwecken hergestellt oder produziert wird, in jedem Zustand. Die Gegenstände können vom Klienten entweder impulsiv oder mit einer bestimmten Absicht ausgewählt werden, oder aber gezielt vom Therapeuten ausgesucht werden, vor dem Hintergrund der bis dahin geleisteten therapeutischen Arbeit. Auch hier können alle vorher genannten Techniken eingesetzt werden.
4. Literarisches, poetisches oder anderes schriftliches Material. - Es kann leise oder laut gelesen werden, vom Teilnehmer selbst oder von anderen für ihn (oder auch in einer Gruppe), oder es kann der ganzen Gruppe vom Therapeuten oder einem Gruppenmitglied vorgelesen werden.
5. Es kann Musik angehört oder gespielt werden, sowohl Standardmusik als von einzelnen oder der Gruppe improvisierte Musik.
6. Choralsingen, entweder improvisiert oder aus bestimmten östlichen oder westlichen Liturgien entnommen.

Die kreativen und therapeutischen Faktoren bei der Anwendung dieser Methoden hängen davon ab, welches psychologische System den Vorschlägen, Anweisungen, Fragen, Themen und der Anleitung der Aktivität als Überlegung zugrundeliegen.

Funktion der Energiemobilisierungstechniken

Die Techniken regen nicht nur das Bilderleben an, sondern sie erfüllen auch eine der folgenden Funktionen:

1. Sie vertiefen die Atmung und vermindern körperliche Spannungen.
2. Sie setzen motorische Verhaltensmuster wieder ein, die dem affektiven Ausdruck unterliegen. Die Dualität zwischen Verhalten und Blockierungen wird sichtbar.
3. Sie erleichtern die Affektentladung.

Vibrieren ist ein wichtiger Teil des somatischen Aspekts dieser Arbeit. Das lockernde Zittern entlädt die Muskelspannungen, es ist die somatische Ergänzung zur psychologischen Angst davor, "sich aufzulösen". Heftiges Zucken entsteht durch spastische Muskeln, die unter Anspannung stehen. Das Zucken schüttelt und lockert den

Körper und "schmiert das Unbewußte". Sanfteres Vibrieren bedeutet Gewebedehnung und die Entladung eines latenten Energieflusses. Aus diagnostischer Sicht haben wir es hier mit drei Elementen zu tun:

1. Den psychischen Inhalten: Geschichte, aktuelles Material, Probleme, Erfahrungen.
2. Körperform: Haltung, Ausrichtung der Teile; Stellung des Beckens; Form und Proportion der Arme und Beine; Krümmung des Rückgrats; Schulterhaltung; Kopfhaltung; Atemmuster; Gesichtsmerkmale.
3. Kinästhetische Aktivität: Bewegung; Beweglichkeit; normale Körperbewegungen - Springen, Laufen etc.; spontane und unwillkürliche Bewegungen - Treten, Schlagen, Saugen, Ausstrecken der Arme, Rückzug, Beckenbewegung, Stimmäußerung, Geräusche, Tiefe etc.

Wie die betreffende Person sich bewegt, wie sie somatisch reagiert, wenn Affekt, Bilderleben, Assoziationen und Bedürftigkeit verstärkt sind, offenbart sehr viel. Setzt sie Körper, Stimme, Ausdruck effektiv ein? Ist das verbale, emotionale und körperliche Verhalten der entstehenden Streßsituation angemessen bzw. inwiefern ist es unangemessen? Was für Anzeichen für Ohnmacht, Besorgtheit, Zurückhalten, Aggression, Angst, Liebe etc. gibt es? Der sensible, aufmerksame und erfahrene unitive Psychologe kann im Laufe einer Sitzung Hunderte von kleinen Hinweisen entdecken, die das Allgemeinverhalten bestätigen und auf angemessene therapeutische Reaktionen verweisen.

Polarisierung

Polarisieren bedeutet Spalten, Differenzieren. Bei meiner Arbeit ist die Polarisierung ein notwendiges Vorspiel zur Integration. Das Ausgleichen von Gegensätzen, gespaltenen Funktionen und antagonistischen Harmonien hebt latente Ressourcen ins Bewußtsein. Psychologisch gesprochen besteht Polarisierung in der Wiederbewußtmachung und Wiederherstellung der verminderten oder unterdrückten Gegenstücke einer natürlich polarisierten Beziehung. Somatisch betrachtet kann es die Wiederherstellung der Beweglichkeit bestimmter Muskelgruppen bedeuten oder eine verstärkte Energiestimulierung in einer Hälfte des Körpers. Psychologisch betrachtet kann es die Stärkung der aggressiven Aspekte als Gegengewicht zu den sanften bedeuten oder umgekehrt. Auf der Verhaltensebene kann es bedeuten, die Rückzugsfähigkeit zu stärken, um Verletzlichkeit auszugleichen oder umgekehrt.

Jesus hat es sehr passend gesagt: "Nur wenn aus einem zwei werden, können die zwei eins werden." Das chinesische Yin-Yang-Gedankenmodell ist ein gutes Beispiel, das in der Philosophie, Psychologie und Medizin Anwendung findet. Der chinesische Arzt versucht herauszufinden, wo Yin- und Yang-Faktoren in allen Aspekten des Lebens im Ungleichgewicht sind. Ähnlich setzen östliche und mystische Praktiken sich im allgemeinen die Wiederherstellung der Polarität zwischem dem Materiellen und dem Spirituellen zum Ziel. In der Psychosynthese verbinden Psychologie und Mystik sich auf wunderbare Weise. Der unitive Psychologe versucht herauszufinden, inwiefern die Polaritäten in einem Menschen im Ungleichgewicht sind, welche Auswirkung dieses Ungleichgewicht hat und was zur Wiederherstellung des Gleichgewichts nötig ist.

Energetisch gesprochen hat die betreffende Person aus der Sicht der Unitiven Psychologie bestimmte Funktionen auf Kosten anderer überbeansprucht und zahlt dafür einen Preis. Überbeanspruchung einer Funktion führt zu Spannung in diesen Teilen, während Unterbeanspruchung Verkrampfung, Resignation und Machtlosigkeit bewirkt. Die Gestaltarbeit erleichtert es, diese Arten von Ungleichgewicht zu identifizieren, die Körperarbeit trägt dazu bei, diesen verlorengegangen Teilen ihre Beweglichkeit zurückzugeben, und die Bilder offenbaren die psychologischen Beziehungen, die sich in den Ungleichgewichtszuständen darstellen.

Die Identifizierung der Ungleichgewichtszustände hilft dem Therapeuten zu bestimmen, wie sich die Verhaltensprobleme am besten korrigieren lassen. Sie ermöglicht außerdem der betroffenen Person, ihr eigenes Verhalten besser zu verstehen und die Straffaktoren auszuschalten, die mit persönlichen Problemen des Typs "Ich bin eigentlich nichts wert" einhergehen. Der eigentliche Prozeß ist eine Kombination aus zwei Faktoren: Der Therapeut weist auf bestimmte Ungleichgewichtigkeiten hin, und der Klient seinerseits entdeckt selbst falsch eingesetzte oder fehlgelenkte Energien. Im folgenden sind einige der Ungleichgewichtszustände aufgeführt, die bei der Beobachtung zu berücksichtigen sind.

Körperliche Anzeichen

1. Bewegung, die mit dem Affekt nicht übereinstimmt - z.B. eine Äußerung extremer Wut verbunden mit einer Anspannung des Körpers. Kontraktion wird zur Verhinderung der Expansion eingesetzt, über die Wut wird Anspannung gestülpt, so daß keine effektive Entladung erfolgen kann.
2. Lokalisierte Spannungen, um Entladung, Ausdruck und Affekt zu verhindern: Das kann auf verschiedene Weise geschehen und hat vermutlich eine innere, unsichtbare Komponente. Einige gemeinsame Bewegungen sind: Zusammenbeißen der Zähne, Zusammenkneifen der Augen, Anspannen von Stirn, Nacken, den verschiedenen Gliedmaßen, Schultern, Armen, Händen, Oberschenkeln, Füßen, Solarplexus, Becken und Brust; geht stets einher mit einer gewissen Kompression und bemühten Kontrolle des Atems.
3. Mißverhältnis zwischen dem Inhalt einer Aussage und der Stimme. Eine inhaltsschwere Äußerung wird mit einer tonlosen, flachen oder nasalen Stimme ausgesprochen, oder die Stimme ist unverhältnismäßig laut oder leise, hart oder weich. Dabei ist nicht darauf zu achten, was "sein sollte", sondern auf das gesuchte offensichtliche Mißverhältnis bzw. die Unverhältnismäßigkeit.
4. Mißverhältnis zwischen verbalen Äußerungen und den üblichen Angstsymptomen wie Schwitzen, heiße oder kalte Schauer, Erröten, Muskelzittern, zittrige Stimme etc.
5. Vermeiden von Augenkontakt in affektiven Momenten; jedes Anzeichen für das Unterdrücken von Bewegung oder dem Wunsch nach Kontakt.
6. Entpersönlichung durch eine bestimmte Wortwahl: Die betreffende Person spricht über sich selbst, als wäre sie nicht selbst beteiligt, sondern Zuschauerin oder Beobachterin; sie spricht in der dritten Person über sich selbst; bezieht sich auf das Selbst in der Objektsprache - zum Beispiel sind "es", "Dings", "Zeug" etc. Versuche, die Verantwortung für die Unmittelbarkeit der eigenen Erfahrung von sich zu weisen. Das Resultat ist eine Pseudoeinheit, hinter der man eine fragmentierte Persönlichkeit verstecken will.

Bilderhinweise

Innerhalb der Bilderszenen äußern Polaritäten sich folgendermaßen:

a) Mißverhältnisse - Die betreffende Person ist unverhältnismäßig und unrealistisch viel kleiner oder größer als die anderen Gestalten; z.B. sieht sie sich vielleicht einem Löwen gegenüber, der drei Meter groß ist, oder sie selbst ist nur einen Meter groß.

- Berge sind unerklimmbar, oder lächerlich einfach zu besteigen.
- Streßsituationen führen zu Lähmung.
- Die Betroffenen haben das Gefühl, in der Falle zu sitzen und finden keinen Ausweg.
- Sie werden immer von Naturkräften oder anderen in den Bildern auftauchenden Gestalten besiegt.
- Völlig unabhängig von den Bildern erleben sie sich nie als gestreßt und zeigen wenig Affekt.

b) Widersprüchlichkeiten - Das emotionale Alter steht im Widerspruch zu den Erinnerungen, Assoziationen und auftauchenden Gestalten. Beispiel: Vor dem Vater, der Autoritätsfigur oder dunklen Gestalt taucht der Klient in dem Bild immer als fünfjähriges Kind auf. Physische Landschaften sehen nicht natürlich aus - surrealistische Konfigurationen beherrschen das Bild; nichts ist so, wie es zu sein scheint bzw. funktioniert so, wie es normalerweise der Fall wäre. Mit fortschreitender Arbeit nimmt die Natürlichkeit zu.

c) Blockierung zwischen Bedürftigkeit und Möglichkeit - In den Bildern sind Entladung oder Essen oder Lustzugang oft unerreichbar; Gefühl der Impotenz wird verstärkt, Versagen ist Thema; Angst dominiert; Ziele können nicht erreicht werden; Spaltung zwischen Handlungsweise im Bilderleben und dem tatsächlichen Verhalten. Zum Beispiel können in den Bildern ständig panikerregende Situationen auftreten, mit denen die betreffende Person nicht fertig wird, obwohl sie im normalen Leben anscheinend Angst und Panik erfolgreich vermeidet.

Durch einen Dialog innerhalb der Bilder, zwischen Bestandteilen der Szenen - wobei alle Stimmen von der betreffenden Person gesprochen werden - und durch einen Dialog zwischen den Bilderkomponenten und der Beobachterrolle des Klienten wird ein starker Mitbestimmungsprozeß erreicht. Dadurch daß den Hauptelementen des normalerweise Nichtverbalen eine Stimme verliehen wird, wird der Aufspaltung in polarisierte Funktionen ein noch stärkerer Ausgleich entgegengestellt. Wenn dies mit Einsicht, Erinnerung und Verständnis kombiniert wird, kann es zu einer wirksameren Versöhnung und Integration kommen.

Konkretisierung

Konkretisierung bedeutet, "es" real werden zu lassen: von der Symbolisierung zur Handlung (oder zu einer anderen Ebene der Symbolisierung) voranzuschreiten. Es geht dabei um die Übertragung einer Art von Erfahrung auf eine andere und dient dazu, die Erfahrung in der Wirklichkeit zu verankern. Wenn eine Therapie oder Veränderungsprozesse nur zu Einsicht, vermehrten Gefühlen und zur Schmerzminderung führen - d.h. zur Anpassung -, ist die Arbeit nur halb getan. Der zweite Teil der Arbeit besteht darin, diese Dynamik in die Praxis umzusetzen: intraphysisch dargestellt durch Veränderung der Persönlichkeit und der Selbstachtung; auf zwischenmenschlicher Ebene durch Veränderung von Beziehungen, Arbeit und Lebensweise; auf transpersoneller Ebene durch Veränderung der eigenen Grundeinstellung zum Dasein auf der Erde und durch Veränderung der eigenen Beziehung zum Kosmos. Der Prozeß zielt ab auf Freiheit, Authentizität und Lebensfreude. Bei der Arbeit mit der Kreativen Trance erfolgt die Konkretisierung auf folgende Weise:

Interpsychisch: Jeder körperlichen Aktivität wird volle Aufmerksamkeit geschenkt, wenn nötig auf Kosten des Bilderlebens. Zwei Beispiele: Wenn eine Klientin anfängt zu zittern oder zu weinen oder um sich zu schlagen, wenn ein Klient plötzlich das Bedürfnis verspürt, den Darm zu entleeren, zu urinieren, zu spucken, die Stellung zu verändern etc., wenn durch die Arbeit eine Erinnerung, eine Empfindung oder eine Idee hochkommt, die unmittelbar mit der aktuellen Erfahrung zu tun hat, wird die Aufmerksamkeit vom Bilderleben auf das neue Material verschoben. Dort, wo sich ein bestimmtes Verhalten manifestiert, liegt immer der Schwerpunkt, um den Gesamtprozeß zu verwirklichen und eine Orientierung an der Realität anzustreben. Innerhalb des Bilderlebens bezieht sich die Verwirklichung auf das wirkliche Verhalten, das symbolisch der in den Bildern stattfindenen Handlung entspricht.

Ein dramatisches Beispiel für diesen Schritt und seine Wirksamkeit wurde mir vor Augen geführt, als ich mit einer Frau arbeitete, die panische Angst vor Dunkelheit hatte, immer bei brennendem Licht schlief, ihre explosiv-aggressive Seite verdrängte und mit einem ständigen Schuldgefühl ihrem verkrüppelten Sohn gegenüber lebte. In den Bildern sah sie sich selbst an einer Wand hängen, und unter ihr die Hölle: alles voller Feuer, Rauch und Teufeln, die nur darauf warteten, daß sie herunterfiel. Um entkommen zu können, mußte sie sich selbst die Wand hochziehen und dann über einen Abgrund auf die andere Seite in Sicherheit springen. Die anderen Teilnehmer (das ganze fand in einer Gruppe statt) sahen diese Frau mit geschlossenen Augen aufstehen, sie zitterte und hatte offensichtlich panische Angst und flehte mich dann an, sie zu retten. Ich antwortete, daß ich nicht bereit sei, für sie in die Hölle zu gehen, wenn sie es aber schaffen würde, sich hochzuziehen und über den Abgrund zu springen, würde ich sie auf der anderen Seite auffangen. Immer noch fest in dem Bild und ihrer Panik gefangen, hörte die Frau auf, ihre Unfähigkeit zu betonen und nahm ihren ganzen Willen zusammen. Der Impasse setzte ein, als ich ihr sagte, daß es eine Frage von Leben und Tod sei. Im Stehen hob sie ihre Arme und mühte sich ab, so als würde sie sich buchstäblich nach oben ziehen. Dann bereitete sie sich auf den Sprung vor und sprang schließlich auch - über eine tatsächliche Entfernung von circa einem Meter. Ich fing sie auf, woraufhin sie vor Erleichterung, Ergriffenheit, Freude und absoluter Hingabe von tief innen heraus zu weinen anfing. Darauf folgte ein strahlendes Lachen, so daß die ganze Gruppe Tränen mitlachte. (Sie hatten die ganze Zeit vorher den Atem angehalten.)

Die Wirkung dieser Erfahrung kündigte sich am nächsten Tag an. Sie hatte zum ersten Mal seit vierzehn Jahren ohne Licht geschlafen, hatte ihren Sohn angebrüllt (und ihn dann endlich nicht wie einen Krüppel, sondern wie einen vollwertigen Menschen behandelt), sie hatte ein wirkliches Gespräch mit ihm geführt (zum ersten Mal seit seiner Erkrankung) - und sie sah zehn Jahre jünger aus. Ein Jahr später hielt die Wirkung noch immer an. Genau das ist mit Verwirklichung gemeint.

Konkretisierung ist mein letztendliches Kriterium für die Nützlichkeit einer Methode. Wenn ich keinen Weg finden kann, “es real werden zu lassen”, ist die Arbeit entsprechend eingeschränkt. Ich glaube, daß grundlegende Veränderung nur im Zusammenhang mit metanoischen Erfahrungen erfolgt (Platos Konzept der Metanoia bedeutet, etwas völlig umzudrehen, von innen nach außen zu kehren). Es ist der Höhepunkt des Erlebens. Der Ursprung dieser Idee der Konkretsierung ist in der Philosophie Gabriel Marcels zu suchen. Da sie der Knotenpunkt ist, auf dem das Gedankengebäude steht, ist es nicht möglich, diese Vorstellung angemessen zu erklären. Aber bestimmte Wahrnehmungen Marcels beherrschen die Effizienz des Denkmodells, und sie sind wesentlich für das Verständnis des Konzepts.

Für Marcel ist es eine unanzweifelbare Tatsache, daß "der Geist für sich selbst nicht transparent sein kann" - mit anderen Worten, daß man nicht das Objekt der eigenen Wahrnehmung sein kann. Der Geist ist etwas Gegebenes, er ist keine Wahrnehmungsgröße. Das Sein widersetzt sich jeder Analyse, denn der Geist kann nicht zum Problem gemacht werden - die Spaltung in Subjekt/Objekt, die bewirkt, daß man Probleme *hat*, gilt nicht für den Geist. Der Mensch *hat* nicht, sondern *ist* ein Selbst, Körper, Geist. Marcel unterscheidet zwischen Sein und Haben, zwischen Geheimnis und Problem. Das Sein ist ein unanalysierbares Geheimnis - das Leben selbst, das Substrat allen Habens. Haben ist ein Merkmal des Seins. Die Verwechslung von Haben und Sein führt zu einer Spaltung. Sich selbst oder einen Teil seiner selbst als Problem zu betrachten ist symptomatisch für diese Verwechslung. Das ist auch der Grund, warum bei der Gestalt-Arbeit allen Aspekten von Sein-Wahrnehmen-Erfahren eine Stimme verliehen wird: Es soll der Entpersönlichung entgegenwirken, derzufolge man sich selbst als Problem behandelt. Das heißt, man hat Probleme, aber man ist kein Problem. Das entspricht genau dem Wissen des Zen-Buddhismus und anderer mystischer Schulen, den Lehren Martin Bubers, Acquinas, Ouspenkys, Nitzsches, Kierkegaards etc.

Ein Problem wird demzufolge als etwas definiert, das vor mir steht, während Sein das ist, womit ich das Problem konfrontiere. Sich selbst zu verlieren und zu dem Problem zu werden, ist eine Art Wahnsinn - das Geheimnis des Verlorenseins (das Selbst-Gefühl) - dann wird man das Problem. Das Ich und das Es sind eins; das Transzendieren des Problems wird unmöglich. Das ist die philosophische Bedeutung von Dissoziation.

Für Marcel ist der Geist trübe - er reflektiert Probleme. Der Zen-Buddhismus spricht an dieser Stelle von dem Spiegel, und seine Methode besteht darin, "den Spiegel zu säubern". Der Akt des Reflektierens schließt die Möglichkeit aus, das Reflektieren gleichzeitig zu beobachten. Mit Hilfe von Symbolisierung, Erinnerung und Vorstellungskraft lassen sich die Spuren der Reflexionen beobachten und bearbeiten. Das sind die Gründe, die der Arbeit mit den Bildern zugrunde liegen.

Der Versuch, sich selbst zu spalten - sich selbst sehend zu sehen - wirkt entfremdend und entzieht den Erfahrungen die Körpergrundlage. Die Konkretheit der Unmittelbarkeit - des Hier-und-Jetzt - geht verloren. Das geschieht, indem man sich nur auf einen Teil der

Erfahrung konzentriert, aber die Teilwahrnehmung und Teilerfahrung als das Ganze ansieht.

Im allgemeinen geben wir den rationalen, kognitiven, verbalen Verhaltensaspekten Vorrang und werten die sinnesmotorischen, emotionalen und vegetativen ("unwillkürlichen") Aspekte ab. Wenn es zu einem Zusammenbruch kommt, wird der Prozeß umgekehrt - der Mensch verliert seine Rationalität und wird von dem beherrscht, was er vorher beherrscht hat. Die Spaltung hat sich lediglich in ihr Gegenteil verkehrt.

Hervorgerufen wird das Sein laut Marcel durch Aufmerksamkeit, Gewahrsein und Kontakt, die gleichzeitig kennzeichnend für das Sein sind. Dabei handelt es sich um eine Unmittelbarkeit, die nicht entstellbar ist, d.h. die nicht durch Dissoziation von der Erfahrung gemäßigt wird. Wenn diese Unmittelbarkeit erfolgt, ist man konretisiert. In der Gestalt-Therapie spricht man an dieser Stelle von verantwortlich, in der Bioenergetik von geerdet (*grounded*), im Zen-Buddhismus von "suchness". Ich benutze hier Marcels Begriff der Konkretisierung.

Um das Ganze noch einmal zusammenzufassen: Um eine umfassendere Fülle des Seins wiederherzustellen und der Entpersönlichung entgegenzuwirken, muß auch die Fähigkeit wiederhergestellt werden, Erfahrungen zu kontretisieren - wozu auch physische, emotionale, kognitive und transpersonale Funktionen gehören. Das bedeutet nicht, Fühlen auf Kosten des Denkens, Intuition auf Kosten des empirischen Wissens oder Passivität auf Kosten von Aktivität. Wenn die Konkretisierung erfolgreich ist, findet eine Veränderung statt - allerdings keine Veränderung des Problems, sondern die Veränderung findet statt im Bewußtsein, in der Wahrnehmung und Einstellung des Menschen, der die Probleme hat. Diese Veränderung verändert auch das Problem, weil jetzt neue Energien und latente Ressourcen ins Spiel gebracht werden. Die betreffende Person fühlt sich nicht überwältigt, die Angst wird aufgehoben oder vermindert. Das Problem wird weniger als panikerregende Invasion der Psyche empfunden, sondern eher in seinem empirischen Status gesehen.

Erleichtert wird die Konkretisierung dadurch, daß der Erfahrung "Substanz gegeben" wird, durch die Entladung von Bewegung, Ausdruck, Stimme, Direktheit, konzentrierte Aufmerksamkeit. Tatsächliche anstelle von abstrakter Beschreibung sowie Bestätigung der Einzigartigkeit im Unterschied zu Programmierung, Rezepten und Systemen.

Was die Bilder betrifft, kann man zu kreativeren Resultaten kommen, wenn man sich in einer Sitzung auf nur einen Gegenstand konzentriert, anstatt sich mit einer Reihe von Sequenzen, Dramen und Veränderungen auseinanderzusetzen. Konkretisierung trägt auch dazu bei, die Art von Spaltung zu verhindern, die noch mehr Symbolisierung nach intensiven Erfahrungen bewirkt. Ohne entsprechende Konkretisierung führt ein Abreagieren - egal, ob es das Resultat von Drogen, Therapie oder ähnlichen Erfahrungen ist - oft zu hysterischer Konversion, religiöser oder idealisierter Transformation, zum Verlieben, zur Verehrung des "Meisters" etc. Nicht, daß es keine realen, geerdeten und integrierten Erfahrungen gäbe, die einen religiös bedingten, auf Liebe oder Verehrung bezogenen Hintergrund hätten. Nur sind Pseudoerfahrungen, die der Vermeidung der Angst vor Metanoia dienen, in jeder Kultur verbreitet und in jeder Wachstumserfahrung anzutreffen.

Bei dem folgenden Dialog handelt es sich um einen *stark überarbeiteten* Ausschnitt aus einer Gruppensitzung, der gut veranschaulicht, wie Konkretisierung zur Förderung von Veränderung eingesetzt werden kann, ohne den Zustand des Geerdetseins aufzuheben. Die eigentliche Situation enthielt Feinheiten und Progressionsfaktoren, die in diesem selektiven Ausschnitt nicht mehr erkennbar sind.

M: Also, ich sitze jetzt schon seit etwa 24 Stunden auf dieser Energieladung, und wenn ich nicht bald was damit mache, gehe ich in Flammen auf.

J: Begib dich in eine Position, in der du am stärksten ausgeliefert bist, in der du dich am wenigsten schützen kannst.

M: Wenn ich mich so ausliefere, spüre ich, wie ich meine psychischen Abwehrmechanismen anspanne. Ich bin sehr auf der Hut, meine Sinne sind in Alarmbereitschaft, um jede Gefahr sofort wahrzunehmen.

J: Schließe jetzt die Augen. Was siehst du?

M: Ich sehe einen Vogel in einem Käfig. Es ist eine Art Sittich, orangefarben, aber mit einen gelben Hals. Er sitzt ganz still. Der Käfig ist vergoldet, glänzt, sieht schick aus. Der Vogel im Käfig sitzt bewegungslos da.

J: Gut. Verwandele dich jetzt in den Vogel.

M: (Als Vogel) Ich sitze ganz still da. Jeder denkt, daß ich tot bin oder aus Stein oder ausgestopft, leblos. Aber sie täuschen sich gewaltig.

Leblos! Ich strotze vor Leben, und sobald ich eine Chance sehe, bin ich weg - wuuusch!

J: Okay. Jetzt hast du die Wahl, Vogel. Entweder kannst du bis ans Ende deines Lebens da sitzen, oder du kannst versuchen, aus dem Käfig rauszukommen.

M: Ich will jetzt hier raus.

J: Okay. Geh zur Käfigtür. Kannst du dahin gehen? Kannst du die Tür aufmachen? Läßt sie sich öffnen? Ist sie abgeschlossen?

M: Ja, sie ist abgeschlossen, mit einem Vorhängeschloß. Auf diesem Weg wäre es schwierig, so komme ich nicht raus. Aber die Käfigstäbe sind ziemlich weit auseinander. Ich glaube, ich könnte mich durchquetschen, wenn ich fest genug drücke.

J: Gut. Sieh jetzt durch die Stäbe nach unten. Wie tief ist es?

M: Ziemlich tief. Dieser Käfig ist am Dach eines sehr hohen Gebäudes aufgehängt, eine Kathedrale oder das Parlamentsgebäude oder so.

J: Jetzt mußt du eine weitere Entscheidung treffen. Du kannst bleiben, wo du bist oder springen. Wenn du springst, kannst alles mögliche passieren, du weißt es nicht, aber die Alternative ist zu bleiben, wo du bist, nämlich im Käfig. Was willst du tun?

M: Springen. Ich habe keine allzu große Angst vorm Springen, weil ich ein Vogel bin, und ich habe - glaube ich - noch nicht vergessen zu fliegen. Es müßte klappen.
Ich quetsche mich jetzt durch die Gitterstäbe. Ja, ich passe durch. Jetzt stehe ich am Käfigrand.

J: Ich werde jetzt in die Hände klatschen. Wenn ich klatsche, mußt du springen. (Klatsch!)

Beim Klatschen schnellt M.s Oberkörper in die Luft, dreht und wendet sich rasch. Er kommt wieder auf den Boden, M. kriecht auf allen Vieren umher und bellt und heult dabei wie ein Hund (?). Dann fällt er auf den Rücken, windet und dreht sich, seine Hände bewegen sich über den Körper, hauptsächlich über Brust- und Bauchbereich, aber auch über andere Bereiche.

J: Was machen deine Hände jetzt?

M: Sie streicheln meinen Körper. Ich liebe meinen Körper. Er ist schön. Er fühlt sich gut an, fühlt sich wirklich an. Ich will meinen Körper, ich will meinen Körper wieder in Besitz nehmen. All die vielen Jahre in meinem Kopf - das reicht. Ich will wieder in meinen Körper, ich mag meinen Körper, es ist ein guter Körper.

Ich will ihn wiederhaben, ich bin mein Körper, es ist herrlich ... etc. Ich sehe eine Spritze. Jemand drückt sie mir in die Schläfe und spritzt einen dünnen Strahl von irgendeinem Zeug ähnlich wie Baumwolle in meinen Kopf, jede Menge.

J: Ich möchte jetzt, daß du guckst, wer diese Spritze hält, wer sie bedient.

M: Ich sehe einen Lehrer. Einen Mann in einem langen schwarzen Gewand, er hat einen Doktorandenhut auf dem Kopf. Ja, es ist ein Lehrer.

J: Gut. Ich möchte jetzt, daß du dir diese Spritze greifst und sie langsam herausziehst, wenn ich in die Hände klatsche.

M. greift mit der linken Hand nach der Spritze an seiner linken Schläfe.

J. klatscht in die Hände.

M. fängt langsam an, die Spritze herauszuziehen. Hört dann auf und sagt: Es tut weh, das Rausziehen tut viel weher als das Reindrücken. Es ist ein beinahe unerträglicher Schmerz. (Es handelte sich um einen im Geiste erlebten psychischen Schmerz. Es war gleichzeitig ein körperlicher und ein psychischer Schmerz. Nicht zwei Schmerzen, sondern einer.)

M. zieht weiter. Der Druck wird unglaublich, je mehr sich die Nadel dem Einstichpunkt nähert. Als sie den Punkt erreicht, reißt M. sie heraus. M. ist (geistig) wie weggetreten. Eine Zeitlang ist er sich kaum bewußt, daß sein Körper umherhüpft und springt. Er weiß nur vage, was passiert ist, erinnert sich nur an einzelne Teile:

M: Eine Zeitlang habe ich mich phantastisch gefühlt. Dann kam wieder das Schuldgefühl und die Unsicherheit und "der andere" hoch und nahmen ihre alten Plätze wieder ein, und mir wurde klar, daß mir wieder einmal (wie bei Hochphasen, Trips, Geistesblitzen, Übungen vorher) einfach der Weg gezeigt worden war. Ich weiß schon seit einem Jahr oder so von diesen Körpergeschichten, habe mich ernsthaft darum bemüht, mich zu 'entschizophrenisieren', aber es ist nichts passiert. Das mit J. jetzt hat mich wirklich in Kontakt mit der phantastischen Wirklichkeit meines Körpers gebracht, und vielleicht hilft es mir, weniger Angst vor der Lust und Freude zu haben, die mein Körper mir machen könnte. Von diesen Gedankenfetzen abgesehen, glaube ich, daß es eine Grenzerfahrung für mich war.

Die Rolle und die Person des Leiters

Der Leiter ist bei der Arbeit mit der Kreativen Trance von entscheidender Bedeutung, er hat die folgenden Funktionen: Therapeut, Grenze und haltgebendes Gefäß, Ressource, Leiter, Gefolgsmann und Mitforscher, Präsenz. Er ist als ein Element anwesend, das an dem Prozeß nicht beteiligt ist, hauptsächlich um der betreffenden Person die Sicherheit zu vermitteln, daß, was auch immer geschehen mag, es einen Sicherheitshalt gibt. Er stellt die eigentliche Wirklichkeit dar, vor deren Hintergrund Erleben ausprobiert, reflektiert und ausgeweitet werden kann.

Der Leiter ist auch physisch anwesend, und wenn das Erleben des Klienten angemessenen Körperkontakt erforderlich macht - vom Handhalten bis zum Wiegen - , kann er gegeben werden. Wenn das Erleben den Klienten zu überwältigen droht, fungiert der Leiter als Grenze - er bietet die Sicherheit, daß der Fluß der Handlung modifiziert oder gestoppt werden kann. Als Mitforscher hat er mit Anteil an den Nöten, Fragen, Ambivalenzen, an der Neugier, dem Staunen und der Aufregung.

Vor allem - und das ist am schwierigsten - ist der Leiter durch sein tatsächliches Verhalten ein Vorbild, was auch den Zielen der Arbeit entspricht. In dieser Hinsicht kommt der Leiter der Vorstellung von einem Guru, Zen-Meister oder Schamanen näher als einem Therapeuten. Der Unterschied liegt darin, daß all diese Persönlichkeiten Technik, Erfahrung und Intuition mit der Sensibilität des Künstlers verbinden, der Therapeut braucht seine eigene Person nur selten offenzulegen. In der Unitiven Psychologie ist der Leiter, Therapeut oder Führer sowohl reagierendes Individuum als auch reflektierender Spiegel und Aufzeichner des Erlebten. Er interpretiert oder analysiert das Erlebte nicht, sondern versucht, mit Hilfe der Vorstellungen und Methoden, die der erkundenden Person zur Verfügung stehen, ihr die Selbsterfahrung zu erleichtern. Praktisch gesehen trifft der Leiter im Lauf der Arbeit keinerlei Entscheidung für die betreffende Person, ob nun mit dem Bilderleben, mit dem Körper, dem Ich gearbeitet wird oder zwischenmenschlicher Austausch stattfindet. Die in den Bildern dargestellten Situationen machen Entscheidungsfindung, Willenskraft, Beurteilungsvermögen und das Zurückgreifen auf tiefe innere Quellen erforderlich. In solchen Momenten der Unentschiedenheit ist es wahrscheinlich, daß der Klient sich hilfesuchend an den Leiter wendet. Der ergreift jedoch weder Partei noch macht er irgendwelche Aussagen, die die eine Handlung als besser als die andere beurteilen, noch nimmt er dem Klienten die Arbeit der Konfrontation mit dem Bildermaterial ab.

Die in den Bildern auftauchenden Symbole werden nicht interpretiert - weder im Hinblick auf ihre immanente Bedeutung noch im Hinblick auf ihre Psychodynamik. Der Leiter oder Therapeut ergreift für keinen Aspekt der Psyche Partei. Er Urteilt nicht, stigmatisiert nicht und verhält sich auch nicht so, als wüßte er die richtige Antwort. Das sind natürlich idealistische Ansprüche. Es ist äußerst unwahrscheinlich, daß irgend jemand sie alle voll und ganz erfüllen könnte. Sie können aber als eine Art Leitlinie dafür betrachtet werden, welche Erwartungen an die Rolle des Leiters gestellt werden.

Dies alles schließt nicht aus, daß der Leiter seine eigene Situation, seine Gefühle und Erfahrungen sichtbar macht. Wichtig ist einfach nur, daß nicht von persönlichen Kriterien ausgegangen wird, wenn es darum geht, das Handeln des Klienten zu bestimmen. Dabei handeltes sich weder um eine strenge Regel, die sich im einzelnen differenzieren ließe noch wäre eine solche Aufspaltung überhaupt wünschenswert. Entscheidend ist, daß der individuelle Klient den Therapeuten oder Leiter als unabhängige Persönlichkeit erlebt, von der er sich werder bedrängt noch manipuliert fühlt. Es ist unvermeidlich, daß die Überzeugungen, Annahmen und ethischen Einstellungen des Leiters sichtbar werden. Dies wird jedoch als wünschenswert betrachtet, da der Leiter damit im Grunde zeigt, daß er das lebt, was er vertritt bzw. praktiziert, was er predigt. Da der Schwerpunkt auf dem Hier-und-Jetzt liegt, entscheidet die Fähigkeit des Leiters zur Unmittelbarkeit des Handelns über seine Effektivität und Integrität.

Es wird deutlich, daß hier bestimmte Faktoren wirken, die erkannt werden müssen - einschließlich Übertragungsverhalten, Verführung von seiten des Klienten als Vermeidungsverhalten, Manipulation durch den Leiter aus dem Bemühen heraus zu helfen sowie die auf beiden Seiten vorhandenen Bereiche des Nichtwissens.

Der Leiter wendet bei seiner Arbeit die Prinzipien des Hervorlockens, der Konkretisierung, Polarisierung und Beteiligung an. Zu diesem Zweck werden Methoden der Gestalttherapie, Bioenergetik, des Rollenspiels, des Dialogs und verwandter Techniken mit den Erfahrungen des Bilderlebens kombiniert. Durch alle Phasen des Prozesses hindurch - Diagnose, Intervention, Konfrontation, Auflösung, Reflexion, Verwirklichung - hält der Leiter eine konstante Beziehung zum Klienten aufrecht. Im allgemeinen stellt er bestimmte

Fragen, um den Blick zu schärfen, Ausdruck auszulösen und zur Beteiligung anzuregen. Die Fragen, die konkret und gezielt sein sollen, haben den Zweck, genau zu bestimmen und zu beschreiben, was passiert. Es werden nur selten abstrakte, rhetorische oder allgemein gehaltene Fragen gestellt.

Es geht also im wesentlichen darum, Präsenz herzustellen und Informationen zu bekommen. In passenden Momenten manipuliert der Leiter oder Therapeut die jeweilige Situation erklärtermaßen zielgerichtet um zu gewährleisten, daß auch wirklich die Gesamtsituation untersucht wird und daß gerade den Aspekten volle Aufmerksamkeit geschenkt wird, die heruntergespielt, ausgelassen oder vermieden werden. Auf diese Weise können die latenten Polaritäts- und Ungleichgewichtsaspekte effektiver ans Licht gebracht werden. Wenn der Leiter zu stark eingreift, hat das zur Folge, daß die Ambivalenzen und inneren Kämpfe, die zu durchleben für den betreffenden Klienten wichtig sind, abgeschwächt werden und seine Abhängigkeit vom Leiter sich vergrößert.

Darüber hinaus setzt der Leiter die räumlichen und zeitlichen Grenzen, innerhalb derer die Arbeit erfolgt. Das hilft dem Klienten, die Realität nicht aus den Augen zu verlieren und wirkt unrealistischen Phantasievorstellungen entegegen.

Wie bei jedem anderen Therapie- oder Veränderungsprozeß hängt die Effektivität des Leiters oder Therapeuten von der Tiefe seiner Auseinandersetzung mit sich selbst ab, von seinem eigenen Erkenntnisstand, seinem Fachwissen und seiner Integrität. Daher gilt, daß die Arbeit des Leiters in jedem Augenblick durch seine eigene Klarheit im Hinblick auf Zweck und Ziele und durch die Art der helfenden Beziehung vermittelt wird.

Kapitel 9

Bericht über eine Sitzung

Einleitung

Vor den Schlußbemerkungen im nächsten Kapitel folgt hier als komprimierte Darstellung der eigentlichen Arbeit die vollständige Abschrift einer aufgezeichneten Sitzung. Ich habe einzelne äußerst kurze Anmerkungen in Klammern in den Text eingefügt, beabsichtige aber, vor dem Hintergrund dessen, was bisher gesagt worden ist, die Sitzung für sich selbst sprechen zu lassen. Wenn ich jeden Punkt bzw. alle Äußerungen und Erfahrungen analysieren wollte, würde ich damit etwas versuchen, was ich in der eigentlichen Praxis nicht tue. Es wäre ein Art Lüge, und zwar eine nachträgliche, die mehr darüber aussagen würde, wie ich Erfahrung benenne, als über die Erfahrung selbst. In diesem Zusammenhang halte ich es für besser, die Leser ihren eigenen Möglichkeiten, ihrer eigenen Phantasie und Intersubjektivität zu überlassen, wie das auch in der eigentlichen Sitzung der Fall wäre, wenn jemand zuschaut.

Der Text:

M: Sobald die Arbeit hier anfängt, ist es fast so, als würde mich etwas zurückhalten, das sagt: Mach's nicht. (Widerstand)

J: Zieh deine Schuhe aus. Ich möchte ein bißchen an deiner Haltung arbeiten. (Energetisierung und Diagnostizierung) Hüpfe erst einmal ein bißchen, nur auf den Zehen. Werde dir beim Hüpfen bewußt, was du festhältst. Achte jetzt darauf, welche Teile deines Körpers du nicht losläßt, und wenn dir das bewußt ist, fang an, sie loszulassen; wie zum Beispiel deinen Kopf - laß ihn fallen. Hüpf weiter, bleib auf den Zehen, und achte weiter auf deinen Körper. Spürst du, wie du deinen Arm hier festhältst? Laß ihn bewußt los. Vielleicht ist es mit einem Gefühl verknüpft. Beobachte das Gefühl sozusagen einfach nur. Ist das besser?

M: Ja.

J: Erzähle mir im Moment einfach nur mal, was passiert, anstatt es zu bearbeiten. (Identifizierung der Erfahrung)

M: Ja, ich spüre spontane Bewegung in meinem Becken und eine Enge unten im Hals. Das enge Gefühl in der Brust ist weniger geworden. Es ist jetzt mehr ein enges Gefühl im Hals. (Mit der hochsteigenden Energie werden höhere Widerstandsebenen aktiviert.)

J: Gut. Laß uns jetzt einmal in deinen Hals gehen, in diese Enge hinein. (Beginn der Arbeit mit dem Bilderleben.) Sieh dir deinen Hals an, und taste dabei mit den Fingern, damit sich dein inneres Auge besser auf das konzentrieren kann, was in deinem Hals ist.

M: Ich sehe einfach nur Hals, und zwar sehr rot. (Weist auf eine Überkonzentration von Energie hin.)

J: (Beginn der Gestalt-Arbeit) Sieh dir den roten Hals jetzt etwas genauer an, versetze dich für einen Augenblick in den roten Hals, und laß ihn erzählen, was ihn so rot macht.
(Der Hals spricht) Rot vor Leidenschaft. Dein (Mikes) Gesicht sieht im Vergleich zu mir (Hals) trauriger aus.

M: Es ist so eine Art Festhalten, ich höre am Kinn auf (somatische und psychische Panzerung); viel Leidenschaft.

J: Im Moment spreche ich nur mit dem Hals. Warum hört es da auf, warum wird die ganze Leidenschaft dort festgehalten? Welchen Sinn hat das?(Charakterologische Identifizierung des Widerstands.)

M: Ich nehme an, wenn ich hochkäme, würde ich mein Bewußtsein überschwemmen, und davor habe ich Angst. (Angst vor dem Kontrollverlust durch das Ich.)

J: Laß jetzt den Hals und das Bewußtsein ein Gespräch miteinander führen. (Gestalt)

M: (Hals)Hör mal, ich werde hier unten festgehalten, und das ist sinnlos. Es macht keinen Sinn, überhaupt keinen Sinn. Das ist auch nicht so gedacht, daß ich so untengehalten werde. (Konflikt zwischen angeborenem Wissen und konditionierten Reaktionen)

J: Wiederhole das noch einmal. (Verstärkung)

M: (Hals) Das ist nicht so gedacht, daß ich so festgehalten werde - so soll es nicht sein. Es ist nicht richtig von dir, mich zu blockieren. Du mußt mich fließen lassen. Nach mir kommen noch andere Sachen, sie hängen an mir dran, so daß der ganze Zug blockiert ist. (Durch Energieentladung baut sich Angst auf.)

J: Ich möchte jetzt, daß du dir das mit dem inneren Auge etwas genauer ansiehst, und zwar die Blockierung selbst. (Fokussierung) Die Röte ist das Resultat der Blockierung. Suche jetzt die Blockierung. Und vergiß nicht, daß es nicht unbedingt einen Sinn ergeben muß. Schau einfach nur. (Festhalten an der Logik des Unbewußten und am Konversionsprozeß.)

M: Als erstes fällt mir die veränderte Farbe auf. Diese sehr deutliche Trennungslinie zwischen einem sehr kräftigen Rot und einer Art Fahlheit im Gesicht. (Spaltung)

J: Suche die Blockierung selbst, genau die Stelle, an der die Trennungslinie ist, und schau dir an, wie sie aussieht.

M: Ich sehe das nicht so genau, aber es fühlt sich beinahe so an, als wäre er von Zähnen verletzt worden, von den Zähnen so einer Art von Folterinstrument. (Konversion)

J: Welchen Zweck hat dieses bestimmte Folterinstrument? (Retroflektion)

M: Es ist wie eine Art Tierfalle, sie klappt zusammen, und die Zähne halten das Bein fest oder so.

J: Stell dir vor, Du seist eine Tierfalle.

M: (Falle) Ich fange dich, halte dich fest, quetsche dich ein.

J: Erzähle Mike, warum du (die Falle) das tun mußt, welchen Zweck das für ihn hat. Was für Gefühle hast du ihm gegenüber? (Diagnose)

M: (Falle)Ich glaube, was ich eigentlich gerne tun würde, ist, dich durchzubeißen, dir den Kopf ganz abzutrennen. Das scheint in der Falle angelegt zu sein, scheint ihr Zweck zu sein. (Spaltung - verdrängte Fragmentierung)

J: Was wäre gut daran? (Unterstützung des Widerstandes)

M: (Falle) Daß ich das eigentlich für den Körper mache, nicht für den Kopf. Daß ich das mache, weil der Körper dann frei vom Kopf wäre. Es ist fast so, als würde ich plötzlich sehen, daß die Falle nicht zum Kopf, sondern zum Körper gehört. Der Körper hat also den Kopf mehr satt, als daß der Kopf sich über den Körper Gedanken machen würde. So ungefähr. Wenn ich also den Kopf abnehmen würde ... (gespaltene Polarität; Geist-Körper-Dualität)

J: Laß den Kopf und den Körper also ein bißchen miteinander reden, denn darum geht es.

M: Mein Kopf sagt: "Ich bin älter als du. - Ich weiß mehr als du.- Ich besitze viele Informationen, und ich weiß, was los ist, ich weiß wirklich, was los ist; ich weiß alles über diese Welt. Und mit diesem Wissen und diesem Bewußtsein kann ich gute Sachen machen." Ich hatte gerade den Gedankenblitz, daß mein Kopf eigentlich sagt, daß er anderen Leuten gehört; mein Kopf kann etwas für die Welt tun mit seinem Bewußtsein, er kann etwas für andere Leute tun, während der Körper für sich dasein will. Für sich dasein und für andere dasein ist irgendwie eine Spaltung.

J: Laß jetzt den Körper sprechen.

M: Der Körper sagt: "Das ist es nicht, das ist ein Spiel, du bist nicht mit der Erde verbunden - ich verbinde dich mit der Erde, und du bist einfach nur kraftlos und ausgelaugt, erbärmlich ohne mich. Du bist grau, so grau, als wärst du so alt wie die Zeit. Du hast einfach kein neues Blut in dir (Folge der Halspanzerung). Weißt du, es ist beinahe so, als hättest du diesen Kopf bei der Geburt bekommen, als wäre da all das erworbene Bewußtsein und alle deine vergangenen Leben, das ist alles da oben drin, aber die Erneuerung, diese Gegenwart, die fließt nicht in dich ein." Plötzlich habe ich eine Vision - da sind meine grauen Adern, und dann sehe ich Blutkanäle, mit gutem roten Blut, das dazufließt und das etwas Reichhaltiges an sich hat. Ich lasse es geschehen. Und das Grau wird ... aufgeladen; es ist jetzt eher ein Herz, und mein Kopf ... sieht plötzlich mehr wie ein Herz aus als wie ein Kopf, und das Grau ist rot, irgendwie eine satte Farbe. Einfach tief rot - schön - ein schönes Gefühl ... und auch ein bißchen angsterregend. Es erinnert mich sehr an vorher, als wir mit dem Loslassen gearbeitet haben, um zu den Wurzeln zu kommen - die Arbeit mit den Wurzeln. Wie das Gefühl, was passieren würde, wenn ich einfach loslassen und in diese Wurzeln versinken würde - mein Gott, das wäre phantastisch, aber ich habe schreckliche Angst vor solchen Sachen. (Konflikt zwischen rationalisierter Kontrolle und Spontaneität: Abwehrmechanismen gegen organische Funktionen.)

J: Laß einen Moment lang eine Nebenphantasie über die Angst einfließen. (Um Sicherheit zu vermitteln) Mach einen Moment lang einfach gar nichts, *tu einfach nur so*, als hättest du keine Kontrolle mehr - alles ist zusammengekommen - trotz deiner Angst - Was siehst du? Was für ein Bild siehst du?

M: Ich sehe dunkel... - ja, diese Art von Dunkelrot, für das ich kein Wort habe - Tiefrot - und eine Violettmischung, violett wie Adern, wie dunkelrot- und violettfarbene Adern, und mein ganzer Körper ist so, so ... ich weiß nicht wie. So als hätte ich keine Züge, als wäre da nur die Form, die Konturen meines Körpers angefüllt mit diesem tiefen Rot und den violettfarbenen Adern, und es fühlt sich ...

J: Was passiert jetzt mit dir? Was passiert hier und jetzt?

M: Ich konnte nicht ... ich wollte wieder reichhaltig sagen, aber ich wollte das Wort nicht schon wieder benutzten - es ist ein Gefühl, das ich nicht richtig mit einem Wort vermitteln kann.

J: Laß uns jetzt wieder (primäres Bilderleben) zu deinem aktuellen Zustand zurückgehen und dem Gefühl, das das Blut in deinem Gehirn verursacht, dieser Hauch von Angst - Okay?

M: Es ist keine Angst mehr da. Nur vielleicht so eine Stelle hier ganz oben, die noch ein bißchen grau und weiß und schwarz ist.

J: Laß es uns einfach nochmal versuchen. Atme ein und etwas länger aus. (Erhöhung der Sauerstoffzufuhr und Energieentladung.) Laß dein Becken wieder lebendig werden, und achte einfach auf den Augenblick, wenn du ein bißchen Angst bekommst. (Die Angst deutlicher identifizieren.) Ist dir bewußt, daß du das mit deiner Atmung abschneidest?

M: Das fühlt sich eng an, nicht direkt eng, eingeschränkt wie....

J: Angenommen, du schränkst dich gerade selbst aus irgendeinem Grunde ein. Warum schränkst du dich gerade selbst ein? Was ist im Moment gut daran? (Unterstützung des Widerstandes)

M: Was hochkam, war ... daß ich darüber hätte wütend werden können.

J: Und was ist gut daran, darüber wütend werden zu können?

M: Es ist mir vertraut.

J: Was wäre dir nicht vertraut?

M: Abzuwarten, und es zuzulassen. (Gegenkonditionierung)

J: Möchtest du das ausprobieren? Es geht leichter, wenn du beim Einatmen das Becken hebst und beim Ausatmen senkst. Öffne den Mund beim Ausatmen. (Verstärkt Atemfluß und Ausdruck)

M: Es ist wie eine Brustplatte. (Panzerung) Hier unten ist es sehr lebendig, und ich kann nicht ... die Atmung stimmt nicht überein. (Starre Brustmuskulatur - fixiert die Atmung)

J: Gut. Geh in die Brust, und sieh dir die Brustplatte von innen an. Sag mir einfach, was du siehst.

M: Von außen habe ich ein sehr klares Bild von ihr.

J: Wie sieht sie von außen aus?

M: Sie ist stählern und weiß, wie die Brustplatte eines Kreuzfahrers (Anmerkung: der "edle" Kopf), weiß mit einem roten Kreuz darauf, und einer Art Kettenpanzer über Schultern und Nacken und Kopf - und auf dieser weißen Brustplatte ist vorne ein rotes Kreuz drauf. Ich bin ein Kreuzfahrer!

J: Worum geht es bei deinem Kreuzzug?

M: Es war eine Eingebung: Rette die Welt.

J: Erzähl mir was über die Rettung der Welt. (Beiderseitiges Lachen.) Wirklich, sei mal ein Kreuzfahrer.

M: Ich fühle mich ein bißchen jämmerlich. (Die Blockierungen dienen dazu, das vor dem Bewußtsein zu verbergen.) Ich fühle mich ein bißchen jämmerlich - *ein* einsamer Kreuzfahrer, beladen mit diesem *Panzer*.

J: Sag es noch einmal.

M: Dieser eine einsame Kreuzfahrer beladen mit diesem schweren Panzer, steht da ohne Pferd und schaut um sich herum - wie kann er die Welt retten. Einfach nur so eine Idee, das ist alles.

J:. Wie ist das, ein einsamer Kreuzfahrer zu sein?

M: Im Moment habe ich das Gefühl ... na ja, es ist ein schönes, tröstendes Spiel, das ich mit mir selbst spiele. Wie in einer Phantasiewelt.

J: Wieso hast du gelacht, als du das gesagt hast? Was war komisch?

M: Als ich was gesagt habe?

J: Daß du ein einsamer Kreuzfahrer ohne Pferd bist. Was war komisch daran?

M: Es war grotesk.

J: Sei es, sei grotesk. (Lachen) (Wirkt dem Stolz und der verdeckten Peinlichkeit entgegen.)

M: Na ja, ich fühle mich ein bißchen wie (lacht) Don Quichote oder so, nicht ganz so absurd, aber beinahe, weil ich ein ernstes Gesicht habe (lacht), und - das ist es eben, ich tue einfach nichts. (Lacht) Ich mache mich zwar fertig - seit vierzig Jahren bereite ich mich auf meinen Kreuzzug vor, habe mich entsprechend ausstaffiert und bin jetzt fertig. Aber alles, was passiert, ist, daß ich mich von diesem Panzer erdrückt fühle. Es ist absolut lächerlich. (Beginn der Versöhnung zwischen den Bedürfnissen von Kopf und Körper und der Konditionierung)

J: Was wärst du ohne diesen ganzen Panzer? Weißt du das? Wenn du erst lange überlegen mußt, laß es. (Erforschung der potentiellen Veränderungsdynamik)

M: Nein, das Bild kam schon, bevor du was gesagt hast. Plötzlich war der Panzer weg und ... es war ganz seltsam, das erste, was ich sah, war ein Kinderpopo, sehr seltsam, sehr kurz. *Wie der von meinem eigenen Kind.* (Panzerung ist ein Abwehrmechanismus gegen Verletzlichkeit, eine Spaltung in "Erwachsener" und "Kind".)

Ich nehme den Kettenpanzer ab und sehe einfach diesen großen, rosigen oder weißen Popo, mit den dicken Beinen, und oben drüber sehe ich ein Gesicht von so einer Art Samurai, mit einem schwarzen Schnurrbart und einem sehr grimmigen Gesicht, aber wie ein Zwerg, weil er diesen kleinen Körper hat. Und es ist ganz seltsam, er ist wirklich wie *zweigeteilt*, von den Schultern aufwärts; dieser ziemlich grimmig und mächtig aussehende büstenartige Kopf und Schultern, und dann dieser weiche, weiße, unförmige Körper. Aber die beiden Hälften sind nicht mal miteinander verbunden, dazwischen ist ein kleiner Spalt.

J: Laß den Samurai und den Kinderkörper miteinander sprechen.

M: Das wäre ungefähr so: "Das ist ja lächerlich, ich bin nur ein halber Mann, nur ein halber Samurai, *du gehörst nicht zu mir.* (Projektion) Warum suchst du nicht *nach meiner anderen Hälfte, denn dann findest du mit Sicherheit den Rest von deinem Körper irgendwo mit dem Rest von meinem Körper.* (Wiedereingliederung) Irgendwo ist deine andere Hälfte und meine andere Hälfte, vielleicht sind sie ja zusammen, aber du gehörst einfach nicht zu mir. Ich weiß wirklich nicht, wie du hierher gekommen bist, du hast nichts mit mir zu tun."

J: Was sagt das Baby?

M: (Baby) Hier bin ich nun mal. Ich weiß nicht, wie ich hierher gekommen bin - jetzt bin ich einfach da.

J: Ich möchte jetzt, daß du etwas anderes machst. Ich möchte, daß du das Bild von dem Baby und dem Samurai behältst und dich dann in gewissem Sinne distanzierst, als wenn du der eine Mensch wärst, der diese beiden irgendwie wieder ganz machen kann. Wie du gesagt hast, irgend etwas verhindert, daß sie zusammenkommen, irgend etwas hält sie absolut getrennt. (Beginn der Konkretisierung)

M: Da ist ein Spalt, ein deutlicher Spalt.

J: Gut. Ich möchte, daß du als dritte Person versuchst, ob du einen Moment lang mit diesem Spalt zwischen den beiden arbeiten kannst. Als ob du ein ganz spezielles Wissen hättest, als wärst du der einzige, der das könnte. Okay? (Appell an versteckte Ressourcen.)

J: Das kann ich nur, wenn ich nicht denke.

J: Mach es einfach so, wie du es machst.

M: Also, einfach das sagen, was mir in den Sinn kommt. Du bist - ich spreche jetzt mit dem Samurai - du bist ein Traum, du bist eine Hoffnung, eine Erwartung, eine Möglichkeit, und das Baby verwirrt dich. Du (das Baby) bist ein Witz, du bist sinnlos, du bist auch real, du bist auch ein Traum, du träumst davon, ein Kind zu bleiben, du träumst davon, ein Kind zu bleiben, und der Samurai träumt davon, ein ganzer Mann zu werden; ihr liegt beide verkehrt, der eine geht in die Vergangenheit zurück, und der andere träumt von der Zukunft. (Möglicherweise Introjektion des Verhaltens der Eltern zu Mike als Kind.)

J: Was hast du ihnen gesagt?

M: Das einzig Reale an euch beiden ist das unsichtbare Stück zwischen euch, von dem ihr beide so tut, als würde es nicht existieren. (Die aufgedeckte unvollständige Gestalt.) Die Unwirklichkeit ist wirklich, und die Wirklichkeit ist unwirklich.

J: Wiederhole das noch einmal.

M: Die Unwirklichkeit ist wirklich, und die Wirklichkeit ist unwirklich.

J: Und was ist wirklich?

M: Mein Bauch.

J: Und was ist mit diesem unsichtbaren Stück dazwischen, ich meine das in deinem Körper, ist das dein Bauch, oder ist das irgendwo anders?

M: Das ist mein Bauch. (Weist auf eine Diaphragmaspaltung hin - Verlust der Mitte.)

J: Ich möchte, daß du jetzt ein bißchen was anderes machst. Ich möchte, daß du Kontakt zu deinem Bauch aufnimmst und sozusagen den Samurai und das Baby in deinen Bauch hereinnimmst, irgendwie, wie es dir sinnvoll erscheint. (Mit Hilfe des Zentrierens die gespaltenen Aspekte integrieren.

M: Ich habe ein ganz lebendiges Bild von meinem Bauch, indigoblau, und einen sehr vorstehenden Nabel; mein Nabel ist sehr gemustert, und ich sehe ihn genau in der Mitte, mein Nabel ist tatsächlich genau die Mittel des Gürtels, er ist sowohl die Schnalle des Gürtel als auch der Nabel. Um die Mitte ist *ein sehr kräftiger Ledergürtel*, sehr fest und sehr kräftig, aber nicht einengend. Es gefällt mir, wie er aussieht - ja, er sieht nach Stärke aus.

J: Was passiert?

M: Es ist alles ein bißchen angsterregend, das heißt, aufregend eher als angsterregend, und es hat eine bestimmte Kraft, es kann rauf- und runtersteigen, was es jetzt macht.

J: Was kann rauf- und runtersteigen?

M: Das Indigo, es ist wie Tinte, flüssig, und ich spüre, wie es runtersteigt, in meine Knie fließt, überall hin, außer in meinen Schwanz, der ist irgendwie ... meine Eier und mein Schwanz sind noch weiß, und es verteilt sich nicht weiter. Es hat Probleme, auf diesem Weg hochzusteigen.

J: Wodurch wird es aufgehalten? Guck hin. (Die Blockierung identifizieren.)

M: Es ist komisch. Ich glaube nicht, daß ich es aufhalten kann. Ich sehe so Dinger, die so herausragen, Zinken, aber sie sind nicht spitz, etwas Vorstehendes, schwer zu beschreiben. Ich kann es dir nicht beschreiben - lange spitze Dinger, aber sie sind eigentlich nicht spitz.

J: Wie halten sie das Indigo auf?

M: Ich weiß nicht, sie halten es einfach auf - sie scheinen die Erklärung dafür zu sein, warum das Indigo sich nicht verteilen kann, aber ich sehe nicht ein, warum das Indigo nicht fließt, es kann zwischen ihnen durchfließen, aber es scheint aufzuhören am Ende dieser ...

J: Geh zum Ende dieser Dinger, sieh dir das Ende an. Guck nach, was ... stell fest, wie sie funktionieren.

M: Ja, es ist ganz seltsam. Langsam bekomme ich eine Ahnung. Ich weiß, daß sie funktionieren, auch wenn es nur einzelne Zinken sind, aber sie können den ganzen Fluß aufhalten; sie machen das durch eine Art ... meine Güte, es ist fast nicht zu beschreiben, *weil es beinahe wie etwas ist, wovon wir keine Ahnung haben*, wie ein Prozeß, über den wir nichts wissen. Diese beiden Dinger sehen beinahe wie Elektroden in uns aus. (Entspricht der These im Hinduismus, daß parallel zum Rückgrat oder auch zum zentralen Nervensystem zwei Energiekanäle verlaufen.) Wie wenn man durch Elektrolyse Wasser aus Wasserstoffoxyd gewinnt, sind da diese beiden Punkte, und an diesen beiden Punkten ... ja, da ist irgendwie eine sehr hohe Ladung, es sieht irgendwie blau und weiß aus, aber mit sehr hoher Ladung, und es ist wie ein Festhalten, es ist komisch. (Vielleicht die Erfahrung von Energie selbst, symbolisiert?)

J: Ja. Denk mal einen Moment nach, wie wir diese Ladung verringern könnten, und ob du das willst.

M: Ich könnte das einfach so machen, wenn ich wollte.

J: Ich schlage dir mal ein Experiment vor: Du versuchst es einfach ein bißchen, nur um die Erfahrung zu machen. Verringere die Energie einfach ein bißchen, und warte ab, wie es sich anfühlt. (Konkretisierung)

M: Ich glaube, es stimmt wahrscheinlich, daß ich eine Fähigkeit besitze, die den Energiefluß regulieren könnte.

J: Was würde das bedeuten, welche Folgen hätte das für dich, wenn du diese hohe Ladung nicht die ganze Zeit aufrechterhalten müßtest? Welche Konsequenzen hätte das? (Untersuchung der Wurzeln der Abwehrstrukturen.)

M: Das wäre harte Arbeit, harte Kontrollarbeit. Das ist wie bei alles oder nichts, man hat keine Kontrolle. Ich kann einfach loslassen - das könnte ich machen; ich weiß nicht, wie lange es dauern würde, aber ich fühle mich in der Lage, das zu tun, aber um es zu regulieren, ist in gewissem Sinne Kontrolle nötig, und dann komme ich mit den verschiedensten Disziplinen in Kontakt, wie man ja Disziplin braucht, und das macht mir bewußt, daß ich disziplinierte Sachen meide. (Spaltung zwischen Kontrolle auf der einen Seite und "Ausflippen" auf der anderen - man ist abgespalten von einem verantwortungsbewußt verstehenden und angemessenen Reagierenkönnen.)

J: Okay. Ich glaube, daß *du* jetzt entscheiden mußt, was du an dieser Stelle tun willst. Hier liegt offensichtlich der Grund, warum deine Brust so eng sein muß, um die volle Ladung unter Kontrolle zu halten. (Risikoübernahme, Appell an die Verantwortung und Wahlmöglichkeit.)

M: Ja, ich habe wieder dieses starke Bild von dem Indigo; es ist wieder ganz offensichtlich, mein Penis ist noch weiß, und es dröhnt richtig. Es ist alles ganz seltsam - immer, wenn ich bei der dynamischen Meditation so richtig an meinem Bauch arbeite, spüre ich diese enorme Blockierung hier so quer rüber - heftig, ein unglaubliches Ding. Ich brauche es nicht überall runterzudrücken. Ich halte es einfach nur mit Hilfe dieser beiden Zinken unten, und ich lasse sie schwirren, das ganze Ding. Gut, ich bin bereit, ich habe das Gefühl, daß ich jetzt was daran machen will. Wenn ich nicht da reingucken kann ... dieses Runterdrücken und das Ganze fühlt sich so blaß an im Vergleich zu dem Indigo, erscheint mir einfach leblos, fade. (Primäre Spaltung.)

J: Nehmen wir mal an, du fändest eine andere Möglichkeit, als einen An-/Ausschalter, eine Regulierungsmöglichkeit, wie eine Art Rheostat, womit du jeweils den Grad der Ladung bestimmten könntest, so daß du der Zuständige wärst. Kannst du dir so eine Möglichkeit vorstellen? (Um der Spaltung zwischen Rationalisierung und Ausflippen entgegenzuwirken.)

M: Ich kann mir keine Möglichkeit vorstellen, aber mir ist aufgefallen, daß meine Hände, seitdem du angefangen hast, über Regulieren zu sprechen, dies hier machen. Ich habe ein etwas taubes Gefühl, was auf eine Verbindung hinzuweisen scheint zwischen dem, was meine Hände machen, und der Antwort auf deine Frage.

J: Geh in deine Hände hinein, und laß deine Hände sprechen, laß sie eine Art von ...

M(Hände): Wir sind zu sensibler Kontrolle fähig, du machst ungenügenden Gebrauch von uns.

J: Gut. Ich möchte dir eben etwas sagen, was du hier gebrauchen kannst. (Polarity-Therapie) Der Daumen ist ein neutraler Punkt, keine Ladung, der Zeige- und der Ringfinger sind negativ und der Mittel- und der kleine Finger sind positiv geladen. Wenn eine positive Ladung da ist, kann man die offensichtlich mit einem negativem Kontakt ausgleichen; der Zeigefinger dient zur raschen Entladung, der Ringfinger zur langsameren Entladung. Du kannst also die Finger dazu benutzen, mit diesen zinkenförmigen Ladungspunkten in Kontakt zu treten, sowohl in Gedanken als auch körperlich. (Verbindung von Symbolisierung und eigentlicher Energiekontrolle)

M: Also, ich vertraue lieber darauf, daß meine Hände Bescheid wissen, als daß ich es mühsam herausfinde. In meinem unteren Rücken ist eine enorme Hitze, unten am Rückgrat, kolossal ... (Stimulierung des Sacrums und des Lumbarplexus.)

J: Achte mal darauf, ob vielleicht irgendein Laut damit verbunden ist. Wenn nicht, auch gut. Achte einfach darauf.
Laß mehr heraus als du hereinnimmst.
Laß dieses Geräusch jetzt heraus.

(Tiefes Schluchzen, das schließlich in ein fröhliches Lachen übergeht, gefolgt von tiefer Entspannung.)

Kapitel 10

Zusammenfassung

Zusammenfassung

Ich arbeite bereits seit sieben Jahren (1968 - 1975, Hrsg) in den hier beschriebenen Bereichen, aber dies ist mein erster Versuch, meine Arbeit systematisch zusammenzufassen. Während ich an diesem Text schrieb, gab es Augenblicke, in denen ich überrascht, bestürzt und verwirrt war. Dafür, daß es ein erster Versuch war, hat das Ergebnis meine ursprünglichen Erwartungen übertroffen. Aber grundsätzlich bin ich alles andere als zufrieden mit dem, was hier beschrieben wurde und mit der Art der Beschreibung.

Das Schwierigste war und ist meiner Ansicht nach, eine Sprache und eine Form zu finden, die der dargestellten Erfahrung gerecht werden. Das Knochengerüst ist da, aber das Fleisch, der Geist und die Poesie der eigentichen Arbeit fehlen leider. Nach diesem ersten Versuch werde ich weiter schreiben und nach einer klareren, wahreren und dynamischeren Sprache suchen.

Ursprünglich hatte ich vor, mich nur auf die Dynamik der inneren Bilder selbst zu konzentrieren, aber es wurde sehr schnell deutlich, daß es von wesentlicher Bedeutung war, die Inspirationen, die mich leiten, besonders die mystischen und philosphischen Einflüsse, zu einem gewissen Grad mit einzubeziehen. Wären sie nicht erwähnt worden, hätte es den Eindruck gemacht, als würde ich mich ganz und gar von psychologischen Überlegungen leiten lassen. Das wäre eine grobe Unwahrheit. Psychologie im traditionellen westlichen Sinne ist nur eine der wichtigen Quellen meines Wissens, meiner Kriterien und Motivation. Die Kunst des Therapeuten (ob er nun Führer, Leiter, Guru, Weiser, Schamane, Priester, Zauberer oder wie auch immer genannt wird) wird aus dem Bereich gespeist, über den ich noch nicht gesprochen habe.

Ich habe viele Einzelheiten, klinische Überlegungen, Methoden und Kritikpunkte ausgelassen. Es war einfach nicht genug Platz da, auf alles einzugehen.

Beim Schreiben wurde mir langsam klar, daß das, was ich (zuerst) im geheimen und dann offen tat, der Versuch war, eine konzeptuelle Grundlage für dir Arbeit zu schaffen, die ich Unitive Psychologie nenne. Im Lichte dieser Entwicklung hat dieser Text mir geholfen zu verstehen, daß ich immer eine sehr viel breitere Sichtweise vertreten habe, als bisher angenommen. Die Kreative Trance ist eher Teil eines Gesamtprozesses als Selbstzweck. Wenn ich sage, ich war verwirrt, bezieht sich das daher vielleicht eher auf die Begriffsbezeichnung - bei der eigentlichen Arbeit gab es solche Probleme nicht.

Schlußfolgerungen

Ich habe mich durchgehend bemüht zu betonen, daß der hier beschriebene Ansatz dem Lösen von Problemen nicht dieselbe Bedeutung beimißt, wie dem Bemühen um Bewußtseinserweiterung und der Entwicklung einer transpersonalen Wahrnehmung. Ich habe versucht, die Vielzahl der Einflüsse aufzuzeigen, die zusammengenommen die verschiedenen Elemente des Prozesses der Kreativen Trance ausmachen.

Ich hoffe begründet und aufgezeigt zu haben, daß jeder Veränderungsprozeß, der der hier dargestellten Arbeit entsprechen will, unbedingt den Körper mit einbeziehen muß.

Die vor dem Hintergrund dieser Einflüsse entstandene Unitive Psychologie mit ihrer Einbeziehung des Körpers erkennt problemlos die Beiträge anderer Psychotherapieschulen an. Ich habe mich bemüht zu vermeiden, den Eindruck zu erwecken, *"die* Wahrheit" gefunden zu haben oder Analysen des Typs "Der Mensch ist lediglich ... " zu formulieren.

Dieses Buch wollte keine tiefgehenden Vergleiche mit anderen Richtungen oder der Arbeitsweise anderer Therapeuten durchführen, die mit der hier beschriebenen Methode arbeiten. Es ging mir vielmehr darum, sondierend meine eigenen Vorstellungen, Synthesen und Materialien möglichst direkt darzustellen.

Kritik

Genau wie alle anderen Methoden sind auch die hier beschriebenen Methoden der Gefahr ausgesetzt, mißbraucht zu werden. Aufgrund des großen Potentials, das diese Arbeit im Hinblick auf persönliche Veränderung hat, ist hier die Gefahr vielleicht sogar noch größer. Jeder Therapeut und alle, die mit den der Arbeit zugrundeliegenden Prinzipien arbeiten, haben sehr viel Macht über ihre Klienten. Die

Techniken und Methoden, mit denen die Kreative Trance, die Gestalt-Therapie und die Bioenergetik arbeiten, sind wie ein geladenes Gewehr, und es besteht die Gefahr, daß schlecht ausgebildete, unkluge und schwache Menschen in ihnen eine Stärke entdecken, die sie selbst nicht besitzen. Es überrascht wohl kaum, daß diese Therapien große unmittelbare Erfolge vorzuweisen haben, denn ihre Wirkung ist durchgreifend und unmittelbar. Daraus folgt, daß die Therapeuten, die mit ihnen arbeiten wollen, mit Bewußtsein und Klarheit ihre eigenen Intentionen hinterfragen müssen, um nicht bewußt oder unbewußt die beteiligten Klienten zu mißbrauchen.

Mit den Einzelheiten dieser speziellen Frage habe ich mich in diesem Buch überhaupt nicht befaßt, was ein weiterer Grund dafür ist, warum ich es vermieden habe, spezielle Techniken zu beschreiben. Kurz gesagt, ich rechne mit einer gewissen Frustration auf seiten des Lesers, der wissen möchte, wie sich die verschiedenen Konzepte und Methoden in die Praxis umsetzen lassen. Die Antwort ist einfach und wenig originell: Man muß die Arbeit zuerst als Teilnehmer kennenlernen, nicht als jemand, der Methode, Techniken und Anwendung studieren will. Und zwar unabhängig davon, was man vorher gemacht hat. Dann wird deutlich, ob die Methoden sich für die jeweilige Person eignen, die mit ihnen arbeiten möchte, und ob diese Person für die Methoden geeignet ist. Ich glaube nicht, daß auf einem niedrigen Anwendungsniveau irgendeine Gefahr besteht; dort bedeutet Nichtwissen Sicherheit und Schutz vor Mißbrauch. Hier könnte man sogar ein elitäres Element feststellen - man muß mehr über sich selbst und über die Arbeit wissen, bevor man Zugang zu ihren wirkungsvollsten Ressourcen erhält.

Diese Arbeit ist repräsentativ für das generell aufgetretene Interesse an veränderten Bewußtseinzuständen und radikaler sozialer Veränderung, gekennzeichnet durch den Begriff Gegenkultur. Die dieser Arbeit zugrundeliegenden Vorstellungen stehen im wesentlichen im Widerspruch zu dem vorherrschenden Denken, das uns kartesischer Dualismus, die mechanistische Wissenschaft, Human Engineering und die objektivistischen Sicherheits- und Erkenntnistheorien vererbt haben.

Sie sind in Einklang mit der Seite der menschlichen Entwicklung, die so alt ist, wie die Zeit selbst und die den Menschen zum Maß des Universums macht (- nicht jedoch zu dem, der Maß nimmt -) und die das Universum in den Mittelpunkt des erleuchteten Bewußtseins jedes Menschen stellt. Wiederum aus Platzmangel ist auch der gesamte Bereich des kreativen Bewußtsein hier unberücksichtigt geblieben. Die Arbeit mit inneren Bildern ist für die Entwicklung kreativer Zustände und transpersonaler Erfahrungen äußerst geeignet. Aber ähnlich wie bei der Arbeit selbst habe ich mit der profaneren Ebene unmittelbarer Notwendigkeit angefangen; höhere Seinszustände kann man erst nach effektiver und ausreichender Vorbereitung erreichen. Das gilt für die persönliche Dimension, aber ebenso für die Belange dieses Buches.

Das Ziel - sowohl Mittel als auch Zweck - besteht darin, die Lebensenergie selbst besser verstehen zu lernen. Ob sie nun *Orgon* (Reich), *Prana* (Hinduismus), *Elan vital* (Bergson), *Kundalini* (Tibetanischer Buddhismus), *Chi* (Taoisten), *Seele* (Christentum) oder sonstwie genannt wird - genau um "sie" geht es letzten Endes. Dieses und kein geringers Ziel hat sich diese Arbeit gesetzt.

Bibliographie

Allport, G.: *Werden der Persönlichkeit.* Frankfurt/M.
Assagioli, R.: *Psychosynthese.* Zürich 1988
Bachelard, G.: *Die Philosophie des Nein.*
Baker, E.: *Der Mensch in der Falle.* München 1980
Bateson, G.: *Ökologie des Geistes.* Frankfurt/M. 1985
Bergson, H.: *Denken und schöpferisches Denken.* Frankfurt/M. 1985
Boadella, D.: *Biosynthese-Therapie.* Oldenburg 1989
ders.: *Wilhelm Reich, Leben und Werk.* München 1981
ders.: *Befreite Lebensenergie.* München 1991
Boyesen, G & Boyesen, M.L.: *Biodynamik des Lebens.* Essen 1987
Boss, M.: *Psychoanalyse und Daseinsanalytik.* Frankfurt/M. 1980
Bucke, R.: *Die Erfahrung des kosmischen Bewußtseins.* Freiburg 1988
Campbell, J.: *Der Heros in tausend Gestalten.* Frankfurt/M. 1978
Castaneda, C.: *Eine andere Wirklichkeit.* Frankfurt/M. 1988
ders.: *Die Lehren des Don Juan.* Frankfurt/M. 1988
ders.: *Reise nach Ixtlan.* Frankfurt/M. 1988
Deikman, A.J.: *Therapie und Erleuchtung. Erweiterung des menschlichen Bewußtseins.* Frankfurt/M. 1986
Deutsch, Ed.F.: *On the Mysterious Leap from the Mind to the Body.*
Dürckheim, K. von: *Hara- Die Erdmitte des Menschen.* München 1983
Energie & Charakter. Zeitschrift für Biosynthese und Somatische Psychotherapie. Hrsg.: David Boadella, Zürich
Feldenkrais, M.: *Bewußtheit durch Bewegung.* Frankfurt/M. 1968
Frankl, V.: *Die Sinnfrage in der Psychotherapie.* München 1988
ders.: *Der Mensch vor der Frage nach dem Sinn.* München 1989
Freud, S.: *Die Traumdeutung.* Frankfurt/M 1982
ders.: *Jenseits des Lustprinzips.* Frankfurt/M. 1982
Fromm, E.: *Die Furcht vor der Freiheit.* München 1983
ders.: *Die Kunst des Liebens.* Frankfurt 1979
Govinda, A.: *Grundlagen tibetischer Mystik.* München 1982
Groddeck, G.: *Das Buch vom Es.* Frankfurt/M. 1979
Green, E.: *Voluntary Control of Unconscious Processes.*
Herriegel, E.: *Der Zen Weg.* München 1983
Houston, J.: *Der Mögliche Mensch.* Reinbeck 1987
Janov, A.: *Anatomie der Neurose.* Frankfurt/M. 1988
ders.: *Der Urschrei.*
Jung, C.G.: *Der Mensch und seine Symbole.* Freiburg 1968
Kant, I.: *Kritik der reinen Vernunft.* Hamburg 1976
Kazantzakis, N.: *Alexis Sorbas.* Hamburg 1955
Keleman, S.: *Dein Körper formt Dein Selbst.* Landsberg 1982
ders.: *Körperlicher Dialog in der therapeutischen Beziehung.* München 1990
ders.: *Lebe dein Sterben.* Hamburg 1986

Kretschmer, W.: *Die meditativen Verfahren in der Psychotherapie.* Z. Psychoth. med. Psychol. 1, 1951
Laing, R.D.: *Das geteilte Selbst.* München 1987
Leuner, H.: *Lehrbuch des Katathymen Bilderlebens.* Stuttgart 1985
Lowen, A.: *Verrat am Körper.* Reinbek 1982
ders.: *Körperausdruck und Persönlichkeit.* München 1985
ders.: *Depression.* München 1978
ders.: *Lust.* München 1979
Maslow, A.: *Psychologie des Seins.* Frankfurt/M. 1985
Masters, R. & Houston, J.: *Phantasiereisen.* München 1984
May, R.: *Liebe und Wille.* Köln 1988
ders.: *Die Erfahrung ich bin.* Paderborn 1986
Merlau Ponty, M.: *Phänomenologie der Wahrnehmung.* Berlin 1976
Montagu, A.: *Körperkontakt.* Stuttgart 1984
Moreno, J.L.: *Psychodrama.* Berlin 1986
ders.: *Gruppenpsychotherapie und Psychodrama.* Stuttgart 1988
Neumann, E.: *Ursprungsgeschichte des Bewußtseins.* Frankfurt/M.
Ornstein, R.E.: *The Psychology of Consciousness.*
Ouspensky, P.D.: *Die Psychologie der möglichen Evolution des Menschen.* Berlin 1988
Perls, F. S.: *Gestalt-Therapie in Aktion.* Stuttgart 1974
Perls, F. S./ Hefferline R.F. & Goodman, P.: *Gestalttherapie, Lebensfreude und Persönlichkeitsentfaltung.* Stuttgart 1979
dies.: *Gestalttherapie, Wiederbelebung des Selbst.* Stuttgart 1979
Pesso, A.: *Körper, Seele, Ego und "Pilot" in der psychomotorischen Therapie,* in: Axthelm, Der Körper in der Psychotherapie. Oldenburg 1991
Pierrakos, J.: *Core-Energetik.* Essen 1987
Reich, W.: *Charakteranalyse.* Köln 1989
ders.: *Die Funktion des Orgasmus.* Köln 1987
Rogers, C.: *Entwicklung der Persönlichkeit.* Stuttgart 1989
Satir, V.: *Kommunikation, Selbstwert, Kongruenz.* Paderborn 1990
Stevens, J.: *Die Kunst der Wahrnehmung.* S. Kaiser Verlag 1988
Suzuki, S.: *Zen-Geist, Anfänger-Geist.* München 1983
ders.: *Leben aus Zen.* München 1987
Tucci, G.: *Geheimnis des Mandala.* Düsseldorf 1989
Ullmann, M.: *Mit Träumen arbeiten.* Stuttgart 1986
Ullmann, M. & Krippner, S.: *Traumtelepathie- Telepathische Experimente im Schlaf.* Freiburg 1977
Watts, A.: *Vom Geist des Zen.* Frankfurt/M. 1986
Whitehead, A.N.: *Prozess und Realität.* Frankfurt/M. 1987

Adressen

Es gibt einige Organisationen für Unitive Körpertherapie. Sie sind mit der *European Association for Bodypsychotherapy* verbunden.

Holland:
European Association for Bodypsychotherapy
Postbox 3
NL- 6584 ZG Molenhoek
Tel.: 0031-80-582934

Nederlandse Vereniging voor Unitieve Psychotherapie
c/o Wilco Vriesman
Lauriersgracht 150-2
NL- 1016 RV Amsterdam
Tel.: 0031-20-6220489

Deutschland:
Assoziation für Unitive Psychotherapie
c/o Rüdiger Biedermann
Biedenkopfer Weg 92
6000 Frankfurt/M. 90
Tel.: 069-788327

Assoziation für Unitive Körperpsychotherapie
c/o Praxengemeinschaft
Hansastr. 48
2000 Hamburg 13
Tel.: 040-447595

Schweiz:
Zentrum für Biosynthese
Hardeggstr. 23 B
CH- 8049 Zürich
Tel.: 0041-1-3420444

Weitere Titel im *TRANS*FORM-Verlag:

JACK LEE ROSENBERG

Körper, Selbst & Seele. Ein Weg zur Integration

Jack Rosenberg, bekannt durch das Buch "Orgasmus", beschreibt in seinem neuen Buch eine faszinierende neue Körperpsychotherapie, die sowohl kognitive als auch somatische und spirituelle Wege zu einer umfassenden Gesundheit aufzeigt. Ein begrüßenswerter Beitrag zur Erweiterung des Denkansatzes in der aktuellen Psychologie!

"Dr.Jack Rosenberg ist bekannt als einer der kenntnisreichsten körperorientierten Therapeuten. Sein kreativer Ansatz, Körperspannungen zu lösen, lange zurückgehaltene Gefühle zu befreien und hiermit geistig-seelische und physische Gesundheit zu erzielen, repräsentiert eine ganz besondere Integration zahlreicher therapeutischer Disziplinen."

Ken Dychtwald, Autor von "Körperbewußtsein"

416 Seiten, 37 Abbildungen, DM 46,-

FRITZ FREDERICK SMITH

Innere Brücken

Handbuch der Lebensenergie und Körperstruktur

"Innere Brücken" versteht sich als Synthese zwischen östlichen und westlichen Gesundheitssystemen. Diese Verbindung basiert auf dem Konzept, daß Energie als eine fundamentale Kraft in der Natur existiert. Dr.F. Smith beschreibt die alte geheime Lehre der "energetischen Anatomie", welche von den Chinesen und Hindus gelehrt wird. Und er zeigt, daß die traditionellen östlichen Heilmethoden durch die neuesten Erkenntnisse der westlichen Medizin bestätigt werden.

Dr.Smith, der das Energiekonzept mit unserer persönlichen Erfahrung verknüpft, erklärt, wie Menschen, die praktisch im Gesundheitsbereich arbeiten, durch ihre Hände Zugang zu dieser Energie haben, ihr Vorhandensein spüren und die Reaktion eines Menschen auf ihre Bewegung sehen können. Die Vorstellungen von Dr. Smith veranschaulichen die Verbindungen zwischen der physischen Welt und der Welt der Energie. Somit stellt er Brücken dar zu vielfältigen Alternativen für Gesundheit und Heilung, Brücken für ein tieferes Verständnis unseres inneren Wesens.

"Smith leistet mit seinem Handbuch der Lebensenergie und Körperstruktur einen wichtigen Beitrag zur ganzheitlichen Betrachtung des Kontinuums zwischen Krankheit und Gesundheit."

(tanzdrama)

200 Seiten, zahlr. Abb., DM 29,80

A.H.Almaas

Die Leere

Eine psychodynamische Untersuchung der Beziehung zwischen Geist und Raum.

"Auf bemerkenswert direkte Art und Weise macht der Autor uns mit dem Raum oder der Grundlage des Bewußtseins vertraut, auf dem mentale Strukturen wirksam werden. Dieses Buch zeigt auf, wie innere Weite soma-tisch, psychisch und spirituell erfahrbar wird, befaßt sich ausführlich mit einigen der zahlreichen Ebenen des inneren Raums und, was noch wichtiger ist, veranschaulicht, wie diese Raumerfahrungen eine grundlegende Heilung und Integration unseres Seins bewirken können." *Aus der Einleitung von Jack Kornfield*

"Almaas hat reichianische therapeutische Praxis, das Wissen der Objekt-Beziehungs-Theorie und spirituelle Weisheit des Sufismus zu einem einzigartigen System verschmolzen, in dem spiritueller Weg und individueller therapeutischer Prozeß eins werden. Die Freisetzung der verschiedenen Qualitäten unserer Essenz wird im Zusammenhang gesehen mit ihrer Blockierung in den verschiedenen Phasen der Ich-Entwicklung." *Martin Siems*

ca. 150 Seiten, DM 29,80

John Rowan und Windy Dryden

Neue Entwicklungen der Psychotherapie

Die Herausgeber haben in diesem Buch die gängigsten neuen Therapieverfahren zusammengestellt. Das Spannende an diesem Buch ist, daß alle Methoden mit dem gleichen Grundraster beschrieben werden, wie z.B.: Historische Entwicklung, das Menschenbild, die Person des Therapeuten, die Entstehung von Störungen, die therapeutische Technik, Fallbeispiel usw.. Dadurch ist es möglich, Ähnlichkeiten, Unterschiede und Verbindungen der einzelnen Verfahren direkt festzustellen. Es bietet auf eine interessante und anschauliche Art eine Fülle von Informationen.

316 Seiten, zahlr. Abb., DM 38,-

David Boadella

Biosynthese-Therapie

Grundlagen einer neuen Körperpsychotherapie

Nachdem David Boadella seit mehreren Jahren im deutschsprachigen Raum Therapieausbildungen durchführt, liegt nun hiermit endlich ein Buch vor, welches seine Methode, die ihn zu einem sehr effektiven und bedeutenden Körpertherapeuten macht, darstellt. Es schildert den historischen Hintergrund sowie die Entwicklung der Biosynthese-Therapie und beschreibt ihre Grundlagen und Konzepte. Ferner informiert es über Ausbildungsmöglichkeiten und wichtige Adressen.

64 Seiten, 8 Abbildungen, DM 12,80

Stephen Johnson

Charakter - Transformation

Erkennen - Verändern - Heilen

Was steckt wirklich in uns? Was können wir wirklich sein? Was ist uns wirklich möglich? In Anlehnung an die Charaktertypen von Wilhelm Reich verbindet Stephen M. Johnson die Sichtweisen von Charakteranalyse, Ich-Psychologie und Objekt-Beziehungs-Theorie. Er beschreibt ausführlich Entstehungs-geschichte, Affekte, Verhalten, Wahrnehmung, energetischen Ausdruck, therapeutische Ziele und therapeutische Techniken. Da jeder Mensch Anteile von allen Charaktertypen hat, einzelne Merkmale jedoch mehr oder weniger ausgeprägt sind, ist es wichtig, über ihre Grundzüge Bescheid zu wissen. Nur so können wir den Hilfesuchenden helfen. Stephen M. Johnsons Buch ist das erste einer Reihe, in der er verschiedene Theorien zur Entwicklung und Behandlung von psychischem Leiden integriert.

"Ein unentbehrliches Handbuch für den Therapeuten, eine spannende Lektüre für den Laien: Das zur Zeit beste seiner Art. *David Boadella*

275 Seiten, Abb., DM 42,-

Werner Eberwein

Impulse Von Innen

Biodynamik: Körperpsychotherapie zur Heilung und Selbstfindung

In diesem Buch stellt Werner Eberwein, Dipl.-Psychologe und biodyna-mischer Körpertherapeut, Grundgedanken der aus der Reichschen Arbeit entwickelten Biodynamischen Psychologie vor. Der Körper ist der Ort der Gefühle; über ihn und die "Impulse von innen" gewinnen wir wieder einen tieferen, wesentlichen Kontakt zu unserem wahren Selbst. An lebendig und einfühlsam geschilderten Fallbeispielen aus seiner Praxis verdeutlicht der Autor, wie die gewährende meditative Grundhaltung den Prozeß des allmählichen Schmelzens muskulärer und emotionaler Panzerungen unter-stützt und somit den Weg zu einer Transformation der Identität öffnet.

Mit vielen anschaulichen Illustrationen und Fotos von Übungen!

190 Seiten, DM 29,80

Hugo Kükelhaus

Mit den Sinnen Leben

Mit den Sinnen leben ist eine Aufforderung, sein Leben selbst in die Hand zu nehmen und seine Sinne zu gebrauchen. Hugo Kükelhaus, Autor zahlreicher Bücher und bekannt durch seine erfolgreichen Ausstellungen und Vorträge, geht es um die Entfaltung der Sinne, so daß Tasten, Fühlen, Sehen, Hören, Riechen und Schmecken zum Erlebnis wird. Das Tun, die eigene Erfahrung stand für ihn immer im Vordergrund. So gibt er in diesem Buch Anregung zur Eigenaktivität und lädt ein zum Ausprobieren. Ein anregend gestaltetes Buch, in dem sich der handgeschriebene Text mit den Zeichnungen des Verfassers übergangslos verbindet. 38 Seiten, DM 12,80

Dagmar Hoffmann-Axthelm (Hrsg.)
Der Körper in der Psychotherapie
Das Buch enthält Beiträge von: Alexander Lowen: Einige Gedanken über Krebs. David Boadella: Stress und Charakterstruktur. Tillmann Moser: Formen der Gegenübertragung in der psychoanalytisch orientierten Körperpsychotherapie. Albert Pesso: Körper, Seele, Ego und "Pilot" in der psychomotorischen Therapie. Thomas Ehrensperger: Psychosomatische Medizin und Bioenergetische Analyse. Niklas Roth: Erfüllung und Begrenzung. Rainer Mahr: Migräne und Bioenergetik. Werner Geigges u. Jörg M. Herrmann: Gruppentherapeutische Konzepte in der psychosomatischen Medizin.
211 Seiten, DM 29,80

Loil Neidhöfer
Intuitive Körperarbeit
Dieses Buch ist mein Abschied von jeder Form konventioneller und unkonventioneller Psychotherapie, einschließlich der sogenannten humanistischen Verfahren.

Mein Fazit nach fünfzehn Jahren intensiver professioneller Tätigkeit in diesem Feld ist: Psychotherapie wirkt nicht wegen, sonden trotz ihrer Methoden, Techniken, Strategien, ect.. Das agens effektiver "therapeutischer" Arbeit ist die Kunst, mit dem anderen Menschen zu sein, nicht das noch so elaborierte Intervenieren.

Mit dem anderen Menschen sein bedeutet, auf einer tiefen bio-energetischen Ebene eine Verbindung einzugehen. Dies wiederum erfordert, ständig die eigenen Grenzen und damit die Begegnung zu riskieren. Daher ist jede Therapie, die den Namen verdient, im Grunde eine Liebesgeschichte.

Loil Neidhöfer

ca. 128 Seiten, ca. DM 26,-

DIALOG - Biodynamische Psychologie
Zeitschrift für Biodynamische und Transformationale Psychologie und Psychotherapie
Mit der Herausgabe von "DIALOG", der Zeitschrift für Biodynamische und Transformationale Psychologie begegnen die Herausgeber einem wachsenden Interesse an körperorientierter Therapie, insbesondere der Biodynamischen Psychologie in Deutschland. "DIALOG" ist ein Diskussionsforum und berichtet sowohl über aktuelle Anwendungsgebiete der Biodynamischen Psychologie als auch über Weiterentwicklung und neue Forschung.

Der erste Band enthält vor allem Beiträge von Gerda, Paul und Ebba Boyesen: Wurzeln und Entwicklungen und das umfassende Arbeitsfeld der Biodynamischen Psychologie werden sichtbar. Der zweite Band widmet sich dem aktuellen Thema "Mann und Frau in der therapeutischen Beziehung", das 1989 auf dem Kongress der Deutschen Gesellschaft für Biodynamische Psychologie diskutiert wurde. In Band drei geht es um Übertragung und Projektion, Körpersprache, Ozeanische Gefühle, Das Turandot-Syndrom und Christusmord. Die Zeitschrift wendet sich an Therapeuten, Psychologen und andere Menschen aus sozialen und helfenden Berufen.Jeder Band ca. 80-120 Seiten, DM 15,- /Erscheint 1 - 2x Jährlich. Einzeln und im Abonnement erhältlich

Titel in Vorbereitung:

Aie und Magda Maris
Gestaltpraxis
Ein Buch aus der Praxis für die Praxis.
In 33 Kapiteln, die nach Arbeits-Themen unterteilt sind, beschreiben die Autoren sehr anschaulich ihre praktische Herangehensweise an die Gestalttherapie. Durch die "nahe" Schreibweise wirkt das Buch wie ein Lern- und Selbsterfahrungsprozeß mit nachhaltiger Wirkung. Es verlangt von dem Leser, das gewohnte, gradlinige kausale Denken aufzugeben, um sich einlassen zu können.
ca. 220 Seiten, ca. DM 34,-

Jenny James
Raum zum Atmen
Mit "Raum zum Atmen" liegt ein weiteres, interessantes Buch von Jenny James vor- einer Frau, die sich zu Beginn ihrer Therapie als Nymphomanin bezeichnete. Sie berichtet mit lebendiger Offenheit und Tiefe über ihre 5-jährige Zeit der Therapie bei dem bekannten Körperpsychotherapeuten David Boadella. Briefe, Geschichten und Tagebuchaufzeichnungen führen den Leser auf eine Reise in die "inneren Dimensionen" der Psyche und lassen ihn eindringlich nacherleben, wie durch den Atem ungeahnte "Räume" wieder zum Leben erweckt werden. Ein beeindruckendes Dokument, voller Spannung.